萬事平安

自分でできる
開運・病気平癒
弘法大師の
懺悔《さんげ》法《ほう》
【著】北條宗親
BNP
ビイング・ネット・プレス

人に幸せを与えんと願う心を慈と云い
人の苦しみを除かんと欲する心を悲と云う

弘法大師の懺悔法

目次

第四章
怨霊

第五章
懺悔法による病気平癒の実例

第八章　いろいろな話

第九章　Q＆A　祈祷と霊能力

※扉のお札には気を入れてありますので、お守りとしてご使用下さい。

まえがき

真言密教《しんごんみっきょう》の弘法大師空海《こうぼうだいしくうかい》によって生み出され、醍醐三宝院《だいごさんぼういん》流の山本秀道《しゅうどう》に伝えられ、古《こ》神道《しんとう》・言霊《ことだま》学者の大石凝真素美《おおいしごりますみ》、その弟子の水谷清を魅了し、アメリカ映画『グリーンマイル』にまで登場する懺悔法《さんげほう》。その驚異的な病気治癒のパワー、完璧な因縁浄化《いんねんじょうか》、怨霊鎮魂《おんりょうちんこん》のシステム。しかし、それはいまだかつて一度も巷《ちまた》に知られることなく、歴史の闇《やみ》に伏竜《ふくりゅう》のごとく静かに伝えられ続けてきました。しかし、今回縁あって、日本で初めて懺悔法に関する本を出版することになりました。

また、明治から昭和にかけて活躍した霊学者、浅野和三郎《わさぶろう》、それに真言宗の佐伯泉澄《せんちょう》師は、

「霊能のある者は多因縁である」

すなわち、霊能力者には多くの怨霊《おんりょう》が憑依《ひょうい》していることを察知し、指摘されてきました。

霊能力者が正しい霊能力や情報を得るのには、自分の中にいる怨霊を何とかしなければならないわけですが、ここにおいても、懺悔法は絶大な力を示すことになるわけです。

過去、日本において出版された霊能力に関する多くの著作には、多かれ少なかれ、霊能力者自身の怨霊憑依による誤りがあります。今回の出版のもう一つの意義は、過去におけるそれらの誤りを質《ただ》すことにあります。

そういう意味において、本書は現在最も正確な霊的な情報を満載しているものと自負しております。当然、今後の研究によって訂正される部分もあると思いますが、それは後進の役目、まずは本書がお役に立てれば著者としてこれに過ぎる幸甚はございません。

北條宗親

平成二十一年　早春

第一章

運命好転の秘法・懺悔法

◉——弘法大師、山本秀道に遡る懺悔法

弘法大師空海《こうぼうだいしくうかい》——平安時代に生まれ生きた、この偉大な宗教家は同時に偉大な霊能力者でもありました。

弘法大師様の偉大さはどこにあるのか。宗教家にとって精神性と霊性は両極端にあります。精神性を追求しようとする宗教は、たとえば禅宗のように、高い精神性を得ながらも、霊的な力を得ません。逆に霊性を追求しようとすると、精神性がおろそかになり、力に慢心し、時に祈祷《きとう》による営利を目的にするようになります。

弘法大師様の偉大さは、一人の人格の中に高い精神性と高い霊性が、車の両輪のようにバランスよく共存しているところにあります。

そういう意味においては、弘法大師様は日本の宗教史上、類《たぐ》い希《まれ》な天才と言えると思います。その弘法大師様が残された、怨霊《おんりょう》の怨念《おんねん》を気や護摩《ごま》の炎の力によって燃焼し、怨霊を霊界や地獄に送る確実な方法、それが懺悔法《さんげほう》です。

この御祈祷は結果的に人間の病気を癒し、時に奇跡とも言える効力を示します。まさに運

命好転の秘法と言ってよいでしょう。

この懺悔法の起源は平安時代にまで遡《さかのぼ》ります。

平安時代に藤原 薬子《ふじわらのくすこ》がすでに皇位を退いていた平城上皇《へいぜいじょうこう》を担《かつ》ぎ上げて、時の嵯峨《さが》天皇に対してクーデターを起こしました。クーデターは失敗に終わり、薬子は自害して果て、その後、平城上皇も無念のうちに亡くなりました。

その平城上皇の怨霊が嵯峨天皇に祟《たた》った時に嵯峨天皇の勅命《ちょくめい》によって、弘法大師様が修法《しゅうほう》したのが懺悔法です。

さらに時代が下ると、南北朝期に後醍醐《ごだいご》天皇が懺悔法を大切にされ、後醍醐天皇亡き後は、家臣の山本氏が岐阜県垂井《たるい》に落ち延びて、明治時代の山本 秀 道《しゅうどう》の代に至るまで極秘に伝えられてきました。

山本秀道の代には古神道《こしんとう》・言霊《ことだま》学者の大石凝真素美《おおいしごりますみ》、その弟子の水谷清に懺悔法が伝えられました。大石凝真素美、水谷清に流れた懺悔法のその後の消息は不明です。

山本家においては、秀道の代で、懺悔法は廃絶してしまいましたが、それから、およそ百年後、山本秀道が私の守護霊となって、懺悔法を復活させました。

それについてはとても興味深い不思議な話があります。

私がまだ三十代の頃、ある日、一組の御夫婦が神社を訪れてきました。私は神職として、お客様（私どもの神社では、参拝者とはあまり呼ばず、お客様と言っています。それは参拝者だと上からの目線になるからです。）であるその御夫婦に挨拶をし、立ち話をすることになったのですが、その御夫婦は立川に住む霊能力者だということでした。なんでも、日野の高幡不動《たかはたふどう》にお参りに行ったら、白髪《はくはつ》で白い鬚《ひげ》を生《は》やした仙人《せんにん》(この世の方ではありません)に、

「熊川《くまがわ》神社へ行け！」

と言われたそうです。その直後、私は懺悔法を得ました。

その後、私の所に修行に来た、霊視能力者のお弟子さん達が口をそろえて言うのです。

「先生が護摩《ごま》を焚《た》いていると、その背後に白い鬚《ひげ》を生《は》やした白髪の白衣姿の老人が四人のお弟子さんらしい方を従えて座っています。」

私はその白髪の仙人のような方が、私の守護霊なのは分かるのですが、果たして誰なのか、知りたくて仕方がありませんでした。

やがて、ひょんなことから、それが山本秀道であると知りました。

岐阜県大垣市《おおがき》に、林大雅《たいが》という弟子がおります。

この林が、岐阜県内の神社に参拝した折《おり》、たまたまそこに勤《つと》めていらっしゃった、山本秀

道のご子孫と出会い、懺悔法のことを語り合い、知遇《ちぐう》を得ました。

それから林は、山本家に出入りするようになり、私がすでに習得していた懺悔法を山本秀道のご子孫に伝え、その間、私も山本家を訪れ、秀道没後久しく絶えていた山本家の護摩壇に火を入れさせていただきました。

その当時、山本秀道から直接、懺悔法を受けたことのある老婆《ろうば》が生存しており、その方の証言により、山本秀道が行っていた御祈祷と現在の懺悔法が同じものであると分かりました。

こうして、私の守護霊である白髪の老人が山本秀道その人であることが分かり、また、山本家に再び懺悔法の炎がともったのです。

また、意外にも懺悔法はアメリカ映画にも出てきます。

スティーヴン・キング原作の『グリーンマイル』という映画の中では、黒人の死刑囚が懺悔法で病気を治します。

◉――懺悔法と病気平癒

懺悔法は、怨霊鎮魂《ちんこん》の祈祷法です。

今までに三千人程の方々に、この祈祷を行ってきました。北は北海道から、南は沖縄まで、海外からもおみえになられました。この祈祷の効果は絶大で、眼の前で体の痛みが消えたり、大学病院で見はなされた病気、偏頭痛、生理痛、肩こり、腰痛、胃腸病、糖尿病、不眠症、不妊症、ウツ病、そして夫婦不和等が良くなっていきました。糖尿病でさえも完治しないながらも、症状がぐんと軽くなりました。信じられないかもしれませんが、ともかく、次々と病気が良くなっていくのです。

では、懺悔法でなぜ病気が治るのか、その理論をご説明します。

昔から、思いを残すと死にきれないと言います。思い、即ち想念は、科学では解明されていない気のエネルギーの一種です。特に怨念という想念《そうねん》(残留思念)は黒い色をしています。気功の大家が人間の体を見て、悪い箇所《かしょ》は黒い影がかぶって見えるという、その黒い影が怨念の正体なのです。怨霊は怨念という想念ゆえに成仏《じょうぶつ》することができません。

その、怨霊の成仏の妨げとなっている怨念を気のエネルギーで燃焼して、怨霊の成仏を助け、それによって崇《たた》りに苦しむ者が崇りから救われ、病気が治るのです。

私も最初は、自分の気のパワーで怨念を燃焼していましたが、相談者の急増により、今では、火のパワーに頼っています。初めの頃は、護摩を焚いて、その炎の中に手を入れて火のパワーをもらっていましたが、今ではローソクで代用しています。

一万人の人がいたら、九千九百九十九人くらいの人に怨霊の憑依《ひょうい》が認められます。それほど、怨霊がまったく憑依していない人は稀《まれ》なのです。多かれ少なかれ、ほとんどの人に怨霊が憑依しているのです。

また、人間の病気のうち、非常に多くが怨霊の憑依によるものと思われます。つまり、相当多くの病気が懺悔法によって癒すことができることになります。

祈祷の効果が信じられない方がおいででしたら、どうぞ私どもの神社においで下さい。祈祷を見学していただければ、効果が御理解いただけると思います。

◉――熊川神社と懺悔法

私が宮司をしている熊川神社の創建は平安時代の初め、九世紀後半に遡《さかのぼ》れます。最初に祀《まつ》られたのは、宇賀神《うがじん》様で、室町《むろまち》時代には、薬師如来《やくしにょらい》、弁財天《べんざいてん》、大黒天《だいこくてん》、蔵王権現《ざおうごんげん》、昭和に至って毘沙門天王《びしゃもんてんのう》、平成には不動明王《ふどうみょうおう》、大日《だいにち》如来の諸尊が祀られました。

室町時代以降、熊野修験道《くまのしゅげんどう》に属し、明治の廃仏毀釈《はいぶつきしゃく》、神仏分離の時には、都市部においては奇跡的にその難を逃れ、現在に至るまで神仏習合の信仰を伝えています。そして、現在では、真言密教懺悔法の根本道場として多くの方々が修行されております。

◉――懺悔法を受けるには

神道・古神道・真言密教・修験道・陰陽道《おんみょうどう》には人間の生活と人生にかかわる実に多くの祈祷法があります。

そして、御祈祷は、祈祷料さえ支払えば、誰でも受けることができます。ところが、懺悔法は違うのです。

神仏による審査があります。私は若年の頃より神道・古神道・真言密教・修験道・陰陽道の御祈祷を研究してまいりましたが、神仏による審査があるのは、この懺悔法だけです。何を審査するのか？　御祈祷を受ける方の生き方です。

生き方によって、御祈祷を受けられるか、受けられないかが、決定されるのです。欲をかかず、不倫をせず、威張《いば》らず、人に思いやりを持って生きている方は、御祈祷を受ける許可がおります。逆に、欲深い人、不倫をしている人、威張っている人、自分さえよければいいと思っている人等は、御祈祷を受ける許可がおりないのです。会社の社長さんなどで、愛人のいらっしゃる方などが御相談にこられましても、霊界の方でスイッチを止めてしまうのか、いくら霊視しようとしてもできなくなるのです。

たとえ、いくらお金を積まれましても、生き方次第ということになります。では、人種・宗教が違っても、懺悔法ができるのでしょうか。

私は今までに、日本人以外に、アメリカ、台湾、フィリピン、韓国などの方々にも懺悔法を行ってきました。中にはキリスト教徒の方もいらっしゃいます。

さて、真言密教の御祈祷でキリスト教徒の方を救えるのでしょうか。どのようにしたと思いますか？　私は、いつもの祭壇の上に十字架を立て、ワイングラスにワインを入れ、その上に薄く切ったフランスパンを乗せて、その前に置きました。そして、首からロザリオを架けて、聖書を読みました。聖書を読みながら念鎮めを行いました。

懺悔法はすばらしい御祈祷です。その祈祷が、ひとり真言密教のものであってはならないのです。私が懺悔法を広めたいのは、真言密教の流布が目的ではありません。一人でも多くの人が救われるように、それこそが神仏の悲願なのです。そのためには、全ての人種、全てのの民族、全ての宗教の方に、等しく救いのチャンスが与えられるべきであると考えています。
私は懺悔法が他の宗教に吸収され、形を変えて広まっていけばよいと思っています。

◉――懺悔法の実際――自分でできる懺悔法

懺悔法は次の手順で行います。

〔懺悔法の構成〕

(1) 祈祷の準備

①調査

自分の家系について詳しく調べます。

②位牌を作る

怨霊を供養するための位牌を作ります。

③説得

(2) 祈祷の順序

まず神仏に祈念し、教導文《きょうどうぶん》を読み、怨霊に因果《いんが》を悟らせます。

④霊視

体のどこにどのくらい怨霊が憑《つ》いているか調べます。

⑤念鎮《ねんしず》め

怨霊の怨念を燃焼します。護摩やローソクを用います。

⑥供養《くよう》

怨霊供養の位牌《いはい》を清潔な場所に安置し、怨霊達に先祖が犯《おか》した罪を詫《わ》び、怨霊達の来世の幸せを祈って供養します。

⑦焚《た》き上げ

供養を終えた位牌を焚き上げて、因縁浄化が完了します。

以上は懺悔法を正式に行う時の手段です。では具体的に懺悔法のやり方を解説しましょう。

(1)祈祷の準備

① 調査

まず、自分と兄弟、両親、おじ、おば、父方の祖父母、母方の祖父母の病歴、死因、死亡年齢、自殺者、事故死者、他殺者の有無、また、離婚などの問題がなかったかを調べます。そして、父方母方どちらの家系に不幸や問題が起こっているのか、あるいは父方母方双方に、不幸や問題が起こっているのかを調べます。

私は、人の体をさわると、その人の体のどこに怨霊が入っているのかが分かります。怨霊が入っている所に手がふれると、直接、怨霊の想念と波動が合って、私の顔が、怨霊と同じ表情になるのです。その怨霊の入っている所が、現在病気の箇所か、あるいは今後、発病する箇所《かしょ》なのです。(ただし、怨霊の介在しない病気もあります。)

一口に霊感と言っても、さまざまな能力がありますので、人によっては、怨霊の入っている箇所が黒く見える人や、怨霊の声だけが聞こえる人など、さまざまです。

② 位牌を作る

次に位牌《いはい》を作ります。葬儀屋さんに売っている白木の位牌に、次のように墨書《ぼくしょ》します。

懺悔
○○家　無量所犯罪諸霊供養
慚愧

本書では、誰でも簡単にできるように、位牌の表書きを巻末に付けてありますから、切り取って、姓を筆で書き込み、適当な大きさの木の板か厚紙に貼ってご使用いただいてもかまいません。

【個人に限定して因縁浄化する場合に作る位牌】

父方だけに因縁（不幸や問題）があったなら、父方の姓で作り、母方だけに因縁があったなら、母方の姓で作ります。双方の家系に因縁があったなら、父方母方の姓で、位牌を二枚作って下さい。

【家系全体を因縁浄化する場合に作る位牌】

祖父母、両親が生きている場合には、祖父母、両親に位牌の供養、つまり、怨霊への供養を行ってもらって下さい。家系因縁は家系の上から下へ流れていくので、家系の流れのできるだけ上流で因縁を浄化するのです。上流で浄化すれば、そこから下へは流れなくなるのです。

次に、いくつかの例をあげて、家系因縁の流れ方と作らねばならない位牌について説明します。ただし、全ての家系に家系因縁があると仮定して説明しています。

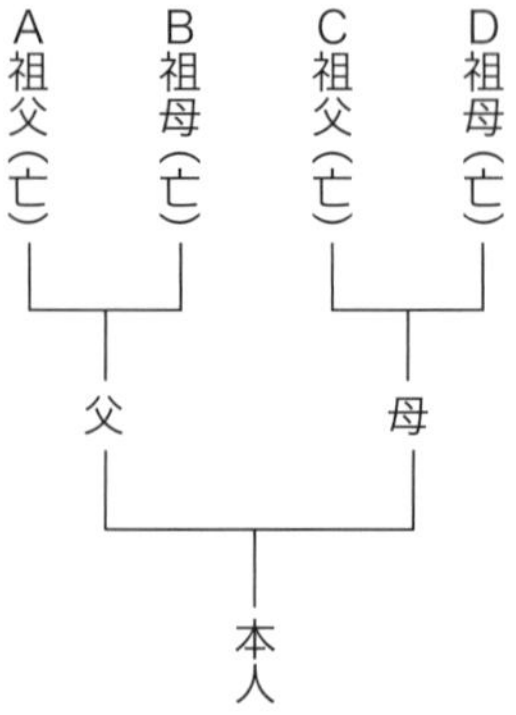

A、B、C、Dの四家の怨霊の位牌を作ります。A、Bの位牌は父が、C、Dの位牌は母が供養します。

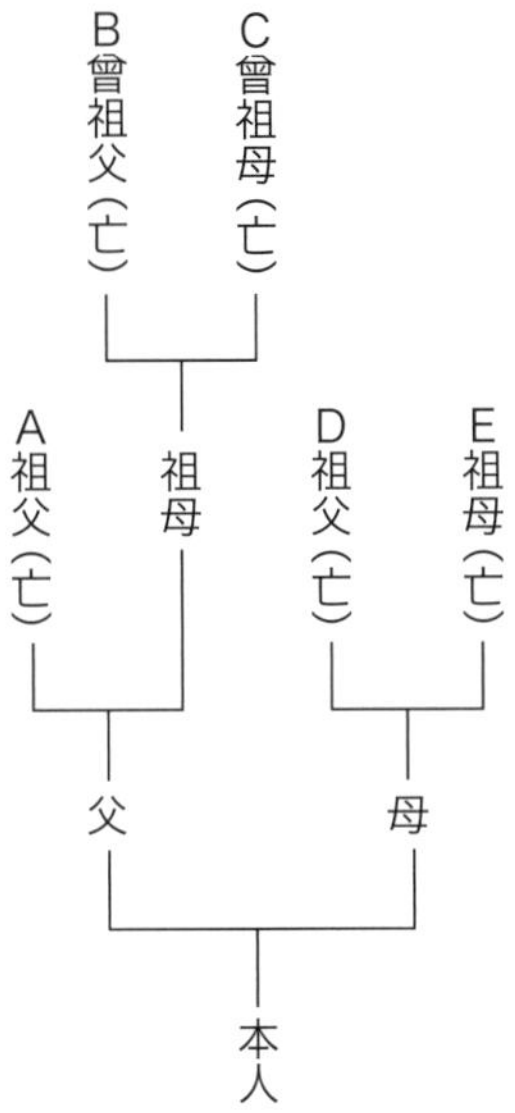

A、B、C、D、Eの五家の怨霊の位牌を作ります。Aの位牌は父が、B、Cの位牌は父方の祖母がD、Eの位牌は母が供養します。

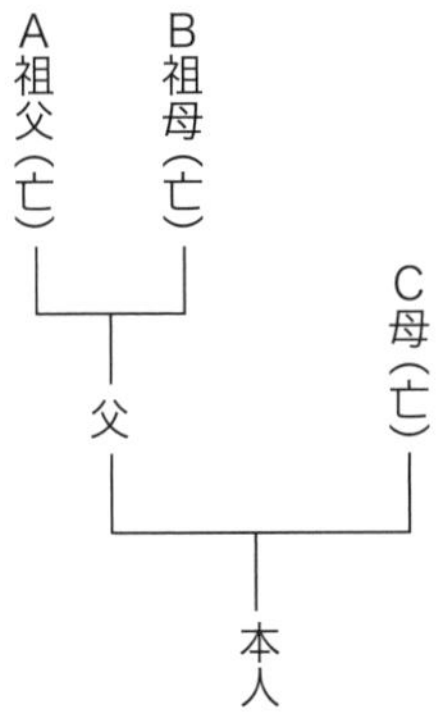

A、B、Cの三家の怨霊の位牌を作ります。A、Bの位牌は父が、Cの位牌は本人が供養します。

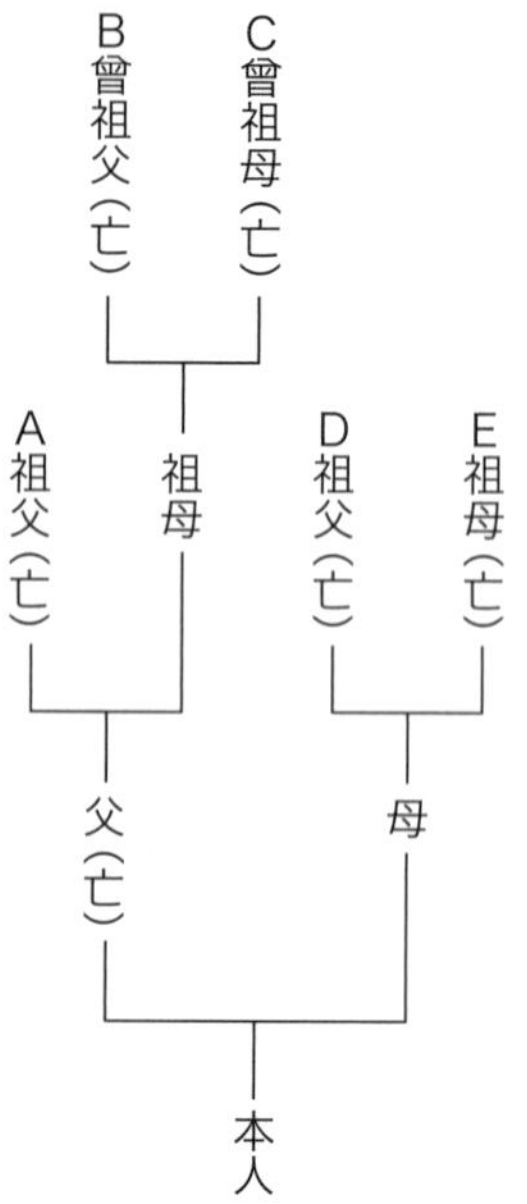

A、B、C、D、Eの五家の怨霊の位牌を作ります。Aの位牌は本人が、B、Cの位牌は父方の祖母がD、Eの位牌は母が供養します。

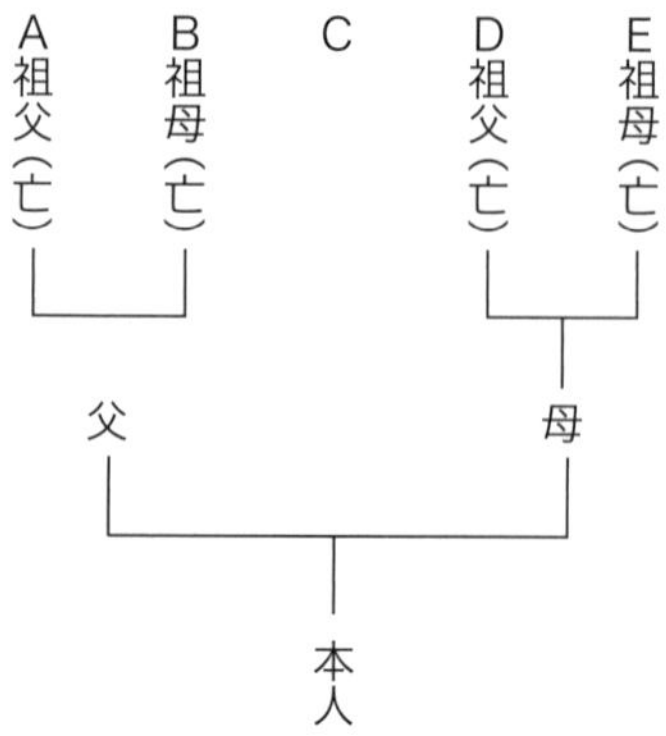

C家に両養子で入った場合、A、B、C、D、Eの五家の怨霊の位牌を作ります。A、B、Cの位牌は父が、D、Eの位牌は母が供養します。

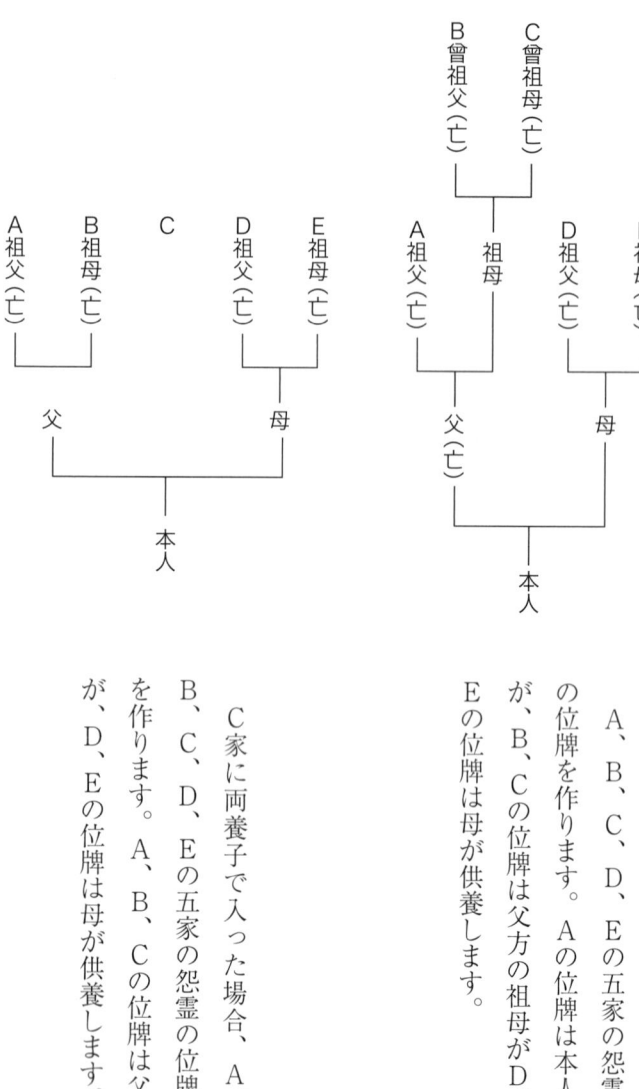

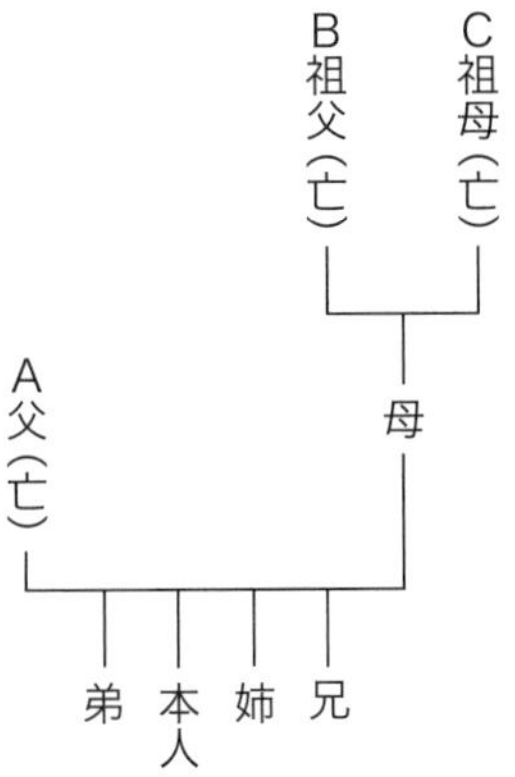

A、B、Cの三家の怨霊の位牌を作ります。Aの位牌は四枚作り、兄弟四人が一枚ずつ供養、B、Cの位牌は母が供養します。

お嫁さんに入っても怨霊が流れてくるのは実家の両親からで、婚家からは流れません。婿養子に入った場合にも、実家の両親のみから流れてきます。

家系の上流の方が生きているのに祈祷ができない場合には、上流の方が亡くなるまで、少しずつ怨霊が流れ続け、上流の方が全て亡くなった時に、上流の方に残っていた怨霊の全てが流れてくるのです。

ですから、因縁の完全浄化に数十年もの歳月がかかることになります。

⑵ 祈祷の順序

③ 説得

まず、祈念を行います。清潔な場所に位牌を安置し、灯明一対に、線香をあげます。護摩あるいは代用としてローソクの火をともし、その前に座ります。

最初に神仏に、祈祷に力をお示しいただけるように祈念します。（この時、真言密教の方でしたら、通常どおりの諸真言等を唱えていただいてもよいと思います。）

【祈念例】

神様（あるいは仏様）、どうか、あわれな怨霊達に大いなる慈悲の光をお与え下さい。怨霊達は、悲しみと苦しみにある時も、なぐさめの言葉も、癒しの祈りも与えられたことがなく、そのために憎しみに心がこり固まってしまっているのです。どうか、その怨みと憎しみの陰に秘められた深い悲しみを私に癒させて下さい。そして、怨霊達が二度と同じような悲しみと苦しみをあじわうことのないようにお導き下さい。

と、祈ります。

次に、「教導文」を読み上げます。（怨霊達に因果を悟らせるために、声を出して読んで下さい。他の人に読んでもらっても、読んであげても効果は変わりません。）


【教導文】


全ては因果応報である。人を殺せば殺される。苦しめれば苦しめられる。自分が犯した罪が、やがて生まれ変わった時に自分の身に返ってくる。お前達怨霊が前世において、罪を犯さなければ、お前達の今のこの悲しみも苦しみもなかったのだ。

お金に絡んで人を殺した者は、生まれ変わった時に今度は自分がお金に絡んで殺される。

そして、自分が前世、お金に絡んで殺した相手の悲しみと無念を知るのだ。

愛欲に絡んで人を殺した者は、生まれ変わった時に今度は自分が愛欲に絡んで殺される。

そして、自分が前世、愛欲に絡んで殺した相手の悲しみと無念を知るのだ。

戦争に絡んで人を殺した者は、生まれ変わった時に今度は自分が戦争に絡んで殺される。

そして、自分が前世、戦争に絡んで殺した相手の悲しみと無念を知るのだ。

この世に生まれて幸せになれるか不幸になるかは、自分が前世、何をしてきたかによって決定される。お前達怨霊は、前世、自分の欲望さえ満たされれば、他人などどうなろうとおかまいなしだった。その身勝手な生き方が、今、お前達怨霊にこの苦しみを与えているのだ。

お前達怨霊が前世において、他人を思いやれる心を持っていたならば、お前達の今のこの苦しみはなかったのだ。

お前達は、自分が殺され苦しめられてこそ、自分が前世犯した罪を償い、罪を償ってこそ、霊界に行った時、来世の幸せを約束されるのだ。しかし、今また、かようにして祟り続け、新たな罪を重ねれば、この新たな罪が、来世再びお前達に新たな苦しみをもたらすのだ。

そして、お前達を殺し苦しめた相手も、輪廻転生を繰り返し、殺され苦しめられて、その罪を償うのだ。

お前達怨霊の魂もまた、神によって作られた神の子だ。神を恐れる必要があるのか。

神がお前達の来世の幸せを願って、今ここに因果応報を説かせるのだ。

神は、必ずお前の怨む相手を裁《さば》くだろう。

それでは不服なのか。

お前達は今、自分の苦しみの原因が、自分自身が前世に犯した罪にあることを知って、それでもなお、その苦しみの原因を祟る相手になすりつけて、苦しめ続けるのか。

それは正しいことなのか。それでも祟り続けるならば、来世お前達が生まれ変わった時に、お前達の目の前で、お前達の家族が首を斬られる。縛り首になる。お前の家族が数十人の男達に犯される。生き埋めにされる。生きたまま、海に沈められる。そういう眼にあってもよいのか。

お前達怨霊こそ、神に救われずして、誰が神に救われるのだ。お前達怨霊がこのまま苦しみ続ける必要があるのか。

お前達こそ、来世生まれ変わった時に愛する者と結婚し、子供を作り、年老いて笑って死んでゆくべきだ。

そして、お前達を苦しめ殺した相手こそ生まれ変わった時に地獄を見るべきだ。闇に迷い闇に苦しむお前達怨霊に、神が好んで苦しみを与えるものか。お前達をこんな目に合わせた相手を償いもさせぬまま神が許すと思っているのか。

神は、お前達がどのように苦しめられ、どのように殺されたのか、全てを承知で因果応報を説かせる。

それは、神がお前達怨霊の来世の幸せを願っているからだ。

④ 霊視

体のどこにどのように怨霊が入っているのかを調べます。修行をしないとできませんが、霊視をしなくても祈祷を行うことは可能です。その場合は、次の⑤念鎮めに進んで下さい。

⑤ 念鎮め

般若心経でも何のお経でも、聖書でもかまいませんので唱えて下さい。唱える回数、時間は決まっていませんが、三十分から一時間くらいを目安にするとよいでしょう。唱えながら、ローソクに掌《てのひら》をかざし、怨霊達の怨みの想念を炎のエネルギーで燃焼していきます。燃焼することによって、怨霊達の成仏を助けるわけです。

祈祷の最後に、神仏に対して、感謝の祈りを捧げます。自分の言葉でお礼を申し上げればよいのです。

怨霊には二種類あって、供養やお詫びを受けて霊界に行きたいと望む者と、供養やお詫びなどいらないから怨みを晴らしたいと思う者がいます。後者の霊は、年代の若い、怨みの新しい霊に多く、まるで鬼や般若のような形相をしています。このような怨霊のかたくなな心を解きほぐすのには、その怨みと憎しみの裏に秘められた悲しみや無念の思いを自分でしっかりと受けとめることが大事です。

怨霊の怨みの想念がそのままでは、怨霊に、怒りを込めて「出て行け!」と除霊をしても、一時的に体から出ていくだけのことで、効果はありません。憎しみや怨みの念がそのままでは、解決にはならないのです。氷を溶かすように、憎しみと怨みの念を溶かさなければなりません。それでは、何で溶かすかと言いますと、癒しの力、癒しの気のエネルギーで溶かすのです。氷のように冷えきった怨霊の心を、癒しの光であたためるのです。中には、それでも拒否し続ける、怨みの深い怨霊もいます。その時には、神仏に、破邪顕正《はじゃけんしょう》の力をお示し下さいと祈り、力ずくで、怨みの念を浄化する場合もありますが、たとえ、そのような場合であっても、その祈りの根底には、怨霊への愛がなくてはならないのです。

怨霊は、最初は恐ろしい形相をしていますが、祈祷が進むにつれて、悲しそうな表情になり、時には涙を流し始めます。

般若心経などを唱え続けると、だんだん苦しくなってきます。頂点に達すると、ウッと、吐《は》くような感じで急に力が抜けます。この時、嘔吐《おうと》することもあります。念を切るというのは、死にきれなかった怨霊が、再び死に直《なお》すということなのです。念を鎮め、念を切ると、念を鎮め念を切る時の最後の呼吸の仕方は、ちょうど、人が息を引きとる時の呼吸法と同じなのです。

こうして、般若心経などを唱えながら念を鎮め切るということを、繰り返していくのです。そして、一回念を鎮め切る度に、一体ずつの怨霊が救われていくのです。ちなみに、怨霊が肉体から出ていく時は、だいたい、後頭部の辺りから抜けていきます。

どのくらい祈祷を続ければ、因縁が浄化しきれるかは、人によって違います。因縁の重い方の場合には、毎日数時間ずつやっても、十年以上かかることもざらです。また、家族全員の因縁浄化となると、七百から一千時間程かかると思います。

神仏の判断によっては、一番先に危険な怨霊の怨念を鎮め切ることもありますが、そうでなければ、祈祷を重ねる度に、より深い怨みの怨霊の怨念を鎮め切ることになると思います。

また、唱えるものは場合によっては、特殊な例もあります。生前、宗教に特別な思いを持たなかった怨霊は何でもよいのですが、切支丹や一向衆のように、宗教に殉じて死んだ怨霊の場合、それぞれの宗教に合ったものを唱えます。霊というのは、生前のさまざまなことに対する執着を絶てないから霊界に行けないので、宗教に執着している怨霊に対しては、それぞれの宗教に合わせることが大事です。

ですから、切支丹の場合には、主祷文《しゅとうぶん》、天使祝詞《てんししゅくし》、栄唱、聖書を唱え、一向衆の場合には念仏や阿弥陀経《あみだきょう》を唱えます。

ところで、経文そのものに霊妙な力があると思ってはいけません。経文や、御真言、祝詞もそうですが、自己の波動を高めたり、その目的に応じた力を出しやすいようなリズムとなっています。しかしそれはあくまでも助ける力でしかないのです。経文の力となるのは自分の心です。心を込めて誦《よ》んでこそ力が生まれます。大切なことは、何を誦むか、どれだけ誦むかではなく、心を込めて誦むことです。

また、念鎮めができないまでも、炎に手をかざし続けるだけである程度の効果は期待できます。ただし、ヤケドには充分ご注意下さい。手を炎に近づけ過ぎぬようにして下さい。そして、自分の生き方によっては効果が出ないことと、怨霊の拒否反応の危険性もあるので、ちゃんとした指導を受けられることをおすすめします。

⑥ 供養

念鎮めが終わったら、位牌に対して供養をします。一対の灯明と線香、それにお茶をあげて、朝晩お詫びと供養を続けて下さい。

お詫びの例をあげておきます。要はご自身の言葉でよいわけです。

［お詫びの例］

私の先祖が怨霊の皆さんを殺し苦しめ、誠に申しわけございません。心よりお詫びいたします。

また、怨霊の皆さんが来世幸せになるように、そして、皆さんを殺し苦しめた、私の先祖が正しく裁かれますように。

このあとの供養はまず教導文（29ページ参照）を読み、続いて般若心経など、適宜《てきぎ》唱えて下さい。位牌が複数であれば、それぞれ、別々に分けてお詫びと供養を行います。ただし、教導文は位牌が何枚あっても、日々の供養の最初に一回だけ唱えればあとは唱えなくてもよいでしょう。

念鎮めと供養は毎日行ってください。

供養の日数は因縁の重さによって違います。供養の日数と、あなたの家の先祖が過去において犯してきた具体的な罪については、霊能力が開発されていれば、自分の指導霊の方に尋ねれば、教えて下さいます。私の経験では、昭和の事件まで正確に教えられたことがあります。私の所においでになった相談者の中で、三名程の方が、私が指導霊の方から聞いた、相談者の方の先祖の犯罪歴について、追跡調査された結果、そういう事実が確かに過去においてあったことを確認されたことがあります。

また、中には、自分が犯した罪でもない、先祖の罪を、自分が詫びるのは、おかしいと言う方もおりますが、因縁の項をお読みいただければお分かりのように、因縁の重い家に生まれたということは、自分が前世、それだけの罪を犯してきたということですから、怨霊に詫びて供養をするということは、同時に、自分が前世おかした罪の懺悔にもなるわけです。

⑦ 焚き上げ

数年、あるいは数十年後に、効果が現れ、供養が完了した時には、位牌を、般若心経などを読誦《どくしょう》しながら焚き上げて下さい。

また、極端に因縁の重い家系の場合、怨霊の気持ちを逆なでしないためにも、先祖供養を中断する必要があります。

そして、怨霊供養が完了したならば、先祖供養を再開して下さい。

◉——略式懺悔法

因縁が軽ければ、この略式懺悔法でも、かなりの効果が期待できます。一般の方におすすめの因縁浄化法です。略式懺悔法の因縁浄化は次のように行います。

①家系における不幸や問題点を調べます。（22ページ参照）

②①の調査の結果に応じて怨霊用位牌を作ります。（位牌の作り方は22ページ参照）

③位牌に対して供養をします。一対の灯明と線香、お茶をあげ、毎日朝晩お詫び（お詫びの例は36ページ参照）をし、教導文（29ページ参照）を読み般若心経を唱えます。

④供養が完了したら、位牌を焚き上げます。

心から怨霊に詫び、供養を続けるならば、たとえどんなに怨みの深い怨霊が相手でも、いつかは、誠意が伝わるでしょう。怨みの念を気の力で滅せられずとも、祈りの力で、鎮められるはずです。

もう少し本格的にやってみたい方は、供養の時に、炎に手をかざし続けてみて下さい。ただし、ヤケドに注意することと、自分の生き方に誤りがあると効果が出ないこと、また怨霊の拒否反応の危険性もあるので、できればちゃんとした指導を受けて下さい。

◉――懺悔法と気功の違い

気功の大家の先生方の中には、怨念を燃焼できる方も一人、二人いらっしゃると思います。ここでいうところの気功は、一般的な気功について述べさせていただきます。

気功は、患部に入っている怨霊に気を送ります。怨霊は気の力によって、一時的な癒しを与えられ、祟りの手をゆるめます。これによって祟られている者の苦痛が軽減されるのです。

これに対して、懺悔法は病気の発生原因となっている怨霊の怨念を患部から出して、気や炎によって燃焼して消滅させます。

懺悔法の修行を始めて、早い人で数回、長い人だと一年近くかけて能力が開眼します、それでは、能力が開眼するまでは、修行をしていても、怨霊には何ら作用しないのかと言いますと、そうではなく、少しずつゆっくりですが、怨念の燃焼をしていることになります。

病気の症状を軽減させるには、懺悔法の方が抜本的な対処法と言えます。

◉――懺悔法伝法会のこと

私は「懺悔法伝法会」（以下「伝法会」と略します）という懺悔法の修行団体を主宰しております。しかし、それにしても、「伝法会」は何とも不可思議な団体です。なぜ、不可思議かと言いますと、「伝法会」は宗教団体であって宗教団体ではないということです。何だか頭の中がこんがらがりそうですが。

それはこういう意味です。「伝法会」は弘法大師様の法を伝え、神仏の力で病気を治すという行為において、確かに宗教団体です。しかし、特定の崇拝対象、経典を持たないということにおいて、宗教の定義から言えば、宗教団体とは言えません。少なくとも「教団」ではありません。

確かに弘法大師様の教えを奉じ、大日如来様および不動明王様を始めとする諸神諸仏に祈ります。しかし、これは絶対ではないのです。

今までに曹洞宗《そうとう》、臨済宗《りんざい》の僧侶の方々が懺悔法の修行においでになられたことがあります

が、私は、

「お不動様を拝むことも、お大師様を敬《うやま》うこともしなくてもけっこうです。それより、釈迦如来様に祈って懺悔法の修行をし、各宗祖の方を敬って下さい。」

と、伝えました。現在も、神職、真言宗僧侶、醍醐三宝院《だいごさんぽういん》流の山伏《やまぶし》、天理教信者、キリスト教信者の方々が「伝法会」に在籍しております。

「伝法会」は、宗教宗派を超えた、「懺悔法」という祈祷法によって結ばれた団体なのです。私は教団にしたくなかったので、「会長」を名乗らず、「主宰」を名乗っております。単なる代表という意味です。将来においても教団化するつもりはまったくありません。私の願いは「懺悔法」という祈祷法が各教各派に吸収されて、広く伝えられ、それによって、一人でも多くの方々が苦しみから救済されることにあります。

一人の人間に憑依している怨霊を全て抜くには懺悔法を数百時間やらねばならない時があります。仮に、一時間一万円で御祈祷をしたとしても、大変高額な祈祷料となってしまいます。

仮に、それだけの金額をご用意いただいても、懺悔法のお客様は多く、とてもやり切れません。そこで私は、特に因縁の重い方は御自身で修業をして、懺悔法を自ら行うことをお勧めしています。修行料は、入会金、年会費、月会費なしで、修行にかかる実費のみ頂戴《ちょうだい》しております。お大師様は弟子に法を伝えるのにお金をいただいてはいないはずです。お大師様がいただかないものを弟子の私がいただくわけにはまいりません。

懺悔法を伝えるにあたって、師弟間に金銭の関係を介在させたくない、それが私の考え方です。

また、弟子は私の私物ではありません。ですから私用に使うことは厳に慎んでおりますし、呼び捨てにもいたしません。弟子はお大師様、あるいは御神仏様からの預かり者と考えております。懺悔法の師はお大師様であって私は師範代というところでしょうか。

私は弟子達より三歩程前を歩いているに過ぎません。いまだに試行錯誤を繰り返しております。霊の世界は奥深く、まだまだ分からないことも多く、仮説もたくさんあります。

弟子達には、ともかく全てを疑えと教えています。根本仏教の教えは疑うことから始まります。疑って疑って疑い尽くせぬもの、それこそが真実であると教えています。この意味において、私の宗教理念には、真言密教の他に根本仏教、加えて、神道・古神道・修験道・浄土真宗・禅宗・陰陽道の考え方も影響を受けています。

全てを疑えという教えの意義は、御祈祷中に怨霊に騙《だま》されないためにも、絶対不可欠な考え方なのです。

第二章

因縁とは

◉——因縁について

因縁《いんねん》って何だろう？　多くの読者の皆様は、因縁について知る機会がほとんどなかったのではないでしょうか。

因縁——日常の生活において、あまり触れることのない言葉だと思います。この言葉は仏教用語です。因縁因果《いんが》という言葉の略語です。原因があって、結果がある——そういう意味です。この世に生まれて、人はなぜ幸せになったり、不幸になったりの差別が起こるのか。それには原因があるというのが仏教の主張です。つまり、前世において罪を犯した者は生まれ変わった時に報いを受けて不幸になり、前世において善い行いをした者は生まれ変わった時に幸せになれるというものです。前世の原因と現世の結果、この両者の関係を前世因縁というのです。ここでは、仏教の輪廻転生《りんねてんしょう》の思想も前提となっています。

輪廻転生——また、何だか難しい聞き慣れない言葉が飛び出してきてしまいました。この言葉の意味は、人間の魂は不滅で、死んでも消滅せず、再び、世界のどこかに生まれ変わるというもの、つまり、生と死を繰り返していくという考え方です。

実際、過去二十年間、私が神職として死者の魂を相手にしてきた経験から言わせていただければ、輪廻転生は単なる概念ではなく、事実です。そして、前世の行いによって、この世の運命が決定されるのも事実です。

科学的世界のことではないので、証明することはできませんが、私の経験から言えば、これは正しいことなのです。

そして、もう一つ。霊能用語として家系因縁という言葉があります。先祖が悪い行いをして、人を殺したり苦しめたりすると、子孫が苦しむというものです。先祖が殺した相手の霊や苦しめた相手の霊（これらの霊を怨霊《おんりょう》と言いますが）が祟《たた》って、不幸になるのです。これも、経験上、事実と言えます。

因縁には、以上のように前世因縁と家系因縁の二つがあるのです。そして、この二つは密接に関係しあっています。

つまり、前世、悪い行いをした者は、生まれ変わった時に家系因縁によって祟られている家系に生まれ、怨霊によって苦しめられて不幸になるのです。逆に前世、良い行いをした者は、生まれ変わった時に家系因縁のない家、軽い家に生まれ、幸せになります。つまり前世因縁によって、どのような家系因縁を持つ家に生まれ変わるかが、決定されるのです。前世因縁が家系因縁に転換される。私はこのような前世因縁と家系因縁の関係を因縁転換の法則と呼んでいます。

霊能力者の中には家系因縁浄化と分けて、前世因縁の浄化を勧《すす》める方もおりますが、これは誤りです。あくまでも、前世因縁の結果が今、あなたが生まれた家の家系因縁となっているのです。ですから、家系因縁の浄化のみを行えばよいわけです。

家系因縁の度合いはさまざまです。前世犯した罪が軽ければ、あまり深い怨《うら》みを持たない怨霊に祟られている家に生まれ変わって、軽い不幸に苦しむだけですみます。

逆に前世犯した罪が重ければ、深い怨みを持った怨霊に祟られている家に生まれ変わって、重大な不幸に苦しむのです。このような因縁の度合いの違いを表現するのに、軽い不幸ですむケースを「因縁が軽い」と表現し、重大な不幸に苦しむケースを「因縁が重い」と表現します。

因縁が軽いのであれば、一生、因縁を気にせず生活していくことはできると思います。しかし、だから、と言って、因縁の影響を受けずにすませられるかと言うと、それは無理なことだと思います。怨霊の憑依《ひょうい》を受けずにいる人は、一万人のうちに一人ぐらいしかおりません。ほとんどの人に、重い軽いの相違はあっても、因縁の影響が認められます。

因縁の軽い人であっても、肩こり、腰痛《ようつう》、視力の低下など、軽い影響はあるのです。ただ、それらの影響を医学に頼ったり、湿布薬《しっぷ》を貼《は》ったりして、その場をしのいでいけるのでしたら、それはそれでよいのではないでしょうか。

問題は因縁の重い人です。因縁の重い人の場合、怨霊の霊障《れいしょう》によって、ガンや脳腫瘍《のうしゅよう》、胃《い》潰瘍《かいよう》、偏頭痛《へんずつう》、手足や腰の痛み、それに、ウツ病、統合失調症、不眠症、パニック障害などの精神障害、アルコール中毒、ギャンブル狂などの異常行動、人間関係の破綻《はたん》などの影響がでる可能性があります。

この影響は一生ついてまわることになります。怨霊は早い人だと母親の胎内《たいない》にいる頃から、両親や祖父母から流れてきます。赤ちゃんの夜泣きの原因の一つでもあります。

そして、年齢を重ねていくうちに、両親や祖父母から流れてきた怨霊が蓄積していき、やがて重大な病気などを発症させていきます。特に、厄年《やくどし》のようにバイオリズムの低下する年回りには、怨霊の影響が最大限に表面化してくるでしょう。また、両親、祖父母の亡くなった時には、両親、祖父母に残っていた怨霊が一挙に流れてくるので、急に体調が悪化したりします。このように、怨霊の影響は一生ついてまわるでしょう。最期は、怨霊によって命を失うことにもなります。あなたの死後あなたを殺した怨霊は、あなたの子供や孫に受け継がれていくのです。

よく、こんな言葉を耳にします。

「うちはお爺《じい》ちゃんもガンだったし、お父さんもガンだった。遺伝だから仕方がないわね。」

しかし、遺伝の全てではありませんが、その多くに怨霊が関与しているようです。怨霊が親から子、子から孫へと受け継がれていく時に、結果として、同じ病気になることがあるのです。

因縁は家族に祟るものか、個人に祟るものかと聞かれることがあります。つまり、同じ兄弟でも、祟りに苦しむ者と、そうでない者がいるということです。

しかし、祟りにはいろいろなパターンがあります。必ずしも祟りの影響が眼に見える表面に出ているとは限りません。健康に見せてある日突然、スパッと命をもっていかれることもあります。ただ、同じ兄弟でも、守りの強い者、弱い者の違いはあります。その違いは、なぜ起こるのか。一つには、同じ兄弟であっても、背負っている前世からの宿業に違いがあります。そして、もう一つ、現世の生き方の違いによって、強い守護霊に守られる者、守護霊がついていない者の違いが生じます。ここにおいても、やはり、自分を守るものは、自分自身の正しい心の持ち方、生き方なのです。

また、因縁の重い者は、因縁の重い者と夫婦になりやすく、因縁の軽い者は因縁の軽い者と夫婦になりやすいものです。

因縁の重い者は因縁の重い者と気が合いやすく、因縁の軽い者は因縁の軽い者と気が合いやすいのです。それに因縁が軽く、守護霊が入っている者は、守護霊の助力によって、自然と因縁の重い者を避ける傾向があり、逆に因縁の重い者は憑依している怨霊の力によって、因縁の重い者と縁を結びやすく、最後にはお互い傷つけあって別れることになったりします。

因縁が重いと完全に浄化することはできないのでしょうか?

非常に難しい質問です。今では私も、かなり怨みの深い怨霊に対しても、その怨念を燃やし、祟りを消滅させることができるようになりましたが、初めから、怨みの深い怨霊に対して正しい対処ができていたわけではありません。二十年前には、一年の間に、手に負えない仕事が十件くらいもあったでしょうか。その数が、年を追うごとに段々と減少していき、現在ではほとんどありません。自分の霊的能力が高まれば高まる程、より深い怨念の燃焼が可能となっていきました。しかし、かといって、それでは、全ての怨霊に対して怨念を燃焼できるようになったかというと、それもまた違います。

例えば、ナチスのヒットラーのような大量虐殺をした人間の直系の子孫が私のところに、もしも、やってきたら、私は解決の自信がありません。あるいは、太平洋戦争などで、直接敵兵を殺した元日本軍兵士の方がやってきたらどうでしょう。

いずれにしても、霊能にかかわる仕事は、一生が修行と言えるでしょう。

では、私の能力の範囲内の怨霊であれば、安心してよいかと言えば、そうはいかないのが、この仕事です。

怨霊は祖父母から、両親に流れ、そして自分の中に蓄積されていきます。祖父母、両親が霊的世界に理解ある方ならよいのですが、なかにはまったく理解を示していただけない場合もあります。因縁の重い場合、怨霊が神仏の導きを拒絶するために、このようなケースが特に多いのです。

この場合、怨霊を説得することができないため、怨霊は、自分達が祟ることを正義と確信して流れていきます。祖父母、両親が霊的世界に理解があり、すでに因果応報を知り、説得され、納得の上で流れてくる怨霊を相手にするのと違い、流れてくるたびに、その都度、怨霊を説得し、納得させなければならないのです。今回の御祈祷《ごきとう》を終えてから、次回の御祈祷の機会までの間に流れてきた怨霊は、祟ることを正義と信じて祟り続けることになるわけで、危険性を残すことになるのです。たとえ怨み深く説得に応じないまでも、祟ることが誤りであることを知った上で流れてくるほうがよいのです。

また、根本的に因縁が重い場合には、説得にも応じない怨みの深い怨霊が多く憑依しているケースもあり、時には相談者の人格をも支配して、何とか御祈祷を止めさせようとしてきます。怨霊達は他にもさまざまな手を尽くして、御祈祷を妨げるでしょう。

その障害に屈して御祈祷をやめてしまったら、怨霊達の思うツボです。

ですから、因縁浄化するには、怨霊の力に負けない強い決意が必要なのです。

この仕事をしていて、どうしても救いたいと思う人を救えない時があります。因縁が重いので、このままだと危険だと思い、周囲の人間が祈祷を勧《すす》めても、頑《かたく》なに拒否し続ける方がいます。その方の中に入っている怨霊が拒否させているのもうなずけるのですが、そのような人が、ある時期が来ると、突然すんなりと、祈祷を受けたいと言い出すことがあるのです。ある時期が来ないと、たとえ親兄弟であろうとも救えないことがあるということです。

つまり、たとえ、親兄弟であっても、霊的には別人格であり、それぞれ違った前世現世の因縁をひきずっているのです。ですから、たとえ自分に救われるべき時期が訪れたとしても、それによって、自分の家族までもが救われるとは限らないのです。

では、その時期の違いは、何によって起こるのでしょう。それは宿業によるのだと思います。つまり、前世までに犯してしまった罪を自分がその分の苦しみを味わって償《つぐな》ったか、または、その分の善行をして償ったか、あるいは、前世の過《あやま》ちを悔い、現世においては正しい生き方をし続け、神仏に許されたか。

そういうことだと私は思うのです。土壇場《どたんば》、自分を救うのは自分の生き方だと思うのです。

◉――厄年と因縁の関係

厄年《やくどし》は人間にとって、バイオリズムの崩《くず》れる年回りのことです。男は、五歳、十七歳、二十五歳、二十八歳、四十二歳、四十八歳、六十歳、七十五歳、女は、七歳、十二歳、十六歳、十九歳、二十六歳、三十三歳、三十七歳、四十三歳、四十九歳、五十歳、六十七歳です。（数え年です）
それぞれの一年前を前厄、一年後を後厄と言います。つまり、ひとそれぞれの波動の違いによって、厄年が前後にずれるのです。厄年自体はあくまで一年間です。
では、厄年には、どんなことがおこるのでしょうか。病気、事故、離婚、死亡、怪我《けが》などです。しかし、何も起こらない人もいるのです。なんで、こんな個人差が起こるのかと言いますと、因縁の有無、軽重によるのです。

厄年はバイオリズムが崩れるので、怨霊にとって、怨みを晴らす絶好のチャンスです。ですから、因縁の影響が直接的に表われるのです。因縁によって、厄年に亡くなる人もあれば、事故にあう人もいます。かと思えば因縁のない人、軽い人は、たいした不幸、不運もなく、無事に過ごすことができるのです。

巻末に「家系因縁問診票」を付けてあります。それで家系因縁の度合いを知ることができますから、ご利用下さい。

【エピソード1】～懺悔法との出会い――東さん事件～

今でこそ、私は神職として、日々、死者の魂を相手に仕事をしておりますが、大学在学中は、まるで正反対の考えを持っておりました。

「霊など絶対にいない。」

そう、信じていたものでした。

正しく生きてさえいれば、必ず幸せになれる——そうも、思っていました。

私の家は、古くから続く神社の神職をしておりましたので、時折、人生の重荷を背負いかねて訪ねてくる人達がいらっしゃいました。

その方々から相談を受けた時には、

「正しく生きて下さい。そうすれば、必ず幸せになれるはずです。」

と、答えていたものです。ところが、こう切り返されてしまうのです。

「私は今まで正しく生きてきたつもりです。なのに、幸せになれないのです。いったい、私のどこがいけなかったのでしょうか?」と。

私は、一宗教家として壁にぶち当たりました。人はなぜ、正しく生きていても不幸せなのか? なぜ、幸せになれないのか?

私は答えを見出そうとしました。気学《きがく》・四柱推命《しちゅうすいめい》・奇門遁甲《きもんとんこう》・占星術・姓名判断・風水・手相人相等、片《かた》っ端《ぱし》から研究しました。

しかし、私がその答えを得るには、さらに数年の歳月を必要としました。

大学を卒業した年に先妻の晴美（仮名）と出会い、結婚しました。やがて、長女が誕生しましたが、家庭は決して平穏なものではありませんでした。

晴美は、異常なほどに感情の起伏が激しく、夕方になると、決まって私に当たり散らしました。

後年、晴美は、

「夕方になると、理由をわざわざ見つけても、あなたに当たりたくなった。」

と、話しておりました。

その後、晴美は何度も流産を繰り返しました。

さらに数年を経て、次女が誕生した直後、晴美が自宅に一人の男性を招きました。男性の名前は、市山春夫（仮名）といい、霊能力者でした。

晴美は、その霊能力者に流産の原因など、いろいろな悩みを相談し、将来のことについても意見を求めるようになりました。実際、その霊能力者の霊視はよく当たりました。次第に、私もその霊能力者の能力に興味を抱くようになり、やがて、その霊能力者の弟子になりました。

私が市山先生に師事して間もなく、恐ろしくも、おぞましいある事件が起こりました。

私は、この事件を「東《あずま》さん（仮名）事件」と呼び、あまりの恐ろしさ、おぞましさ故に、数年の間、この事件については、いっさい、口にすることさえいたしませんでした。妻にさえ、この件を話題にすることを禁じたのです。

その事件とは、初夏のある日の午後四時頃、五十代の母親に連れられた二十代の女性が易占《うらない》の相談者としてやってまいりました。東と名乗るこの親子の来訪こそ、恐ろしい事件の始まりでした。

通常どおり、相談の内容をお尋ねし、話が家系因縁に及んだ時、娘さんの東香織（仮名）さんの様子が急におかしくなったかと思うと、改まった調子で次のように話し始めました。

「私はあなたがいつもお祀《まつ》りして下さっている神社の祭神の弁財天《べんざいてん》です。いつも、あなたが人々のために力を尽くしていることは、とても素晴らしいことだと思っております。あなたのような方が神社の宮司になられるということを祭神として喜んでおります。これからも苦しむ人々をお救いするために、一生懸命に頑張《がんば》って下さいね。

ところで、香織さんの中には恐ろしい化け猫が入っています。とても恐ろしい魔物ですが、あなたの師匠の力を借りれば何とかなるはずです。また、必要があれば、いつでも私は香織さんの中に入って、あなたの質問にお答えいたします。香織さんを通じてお聞きなさい。」

その時の私は、香織さんの中に入っているモノを真実の神だと思いました。

私は、日頃の信仰と霊能にかかわる疑問を、弁財天様にぶつけました。弁財天様は、優《やさ》しい静かな口調で、私の質問に答えました。

香織さんのお母さんの八重さんが、不安そうに、

「娘に入っているモノは本当に弁財天様でしょうか？」

と、聞いてきます。

「精霊としての神は、絶対神とは違い、いわば高級霊の一種ですので、降霊できたとしても不思議ではありません。」

私は、そう答えながらも、頭の中が混乱していました。

果たして真実の神なのか？　信じても本当に大丈夫なのだろうか？

その時の私の未熟な宗教知識・霊能知識では、こうであると確信をもって答えることができませんでした。

思いもよらぬ展開を残して、東さん親子は帰っていきました。

この後、御祈祷に関しての疑問など、毎日のように香織さんに弁財天様の降霊をお願いすることになります。

※

けたたましく、その電話は鳴りました。

「北條先生、助けて下さい。」

夕方、家族と食事をしているところへ、突然の電話でした。電話の相手は、東さんのお母さんの八重さんでした。受話機を通じて、苦しそうな香織さんの呻《うめ》き声が漏《も》れてきます。

「分かりました。すぐに行きます。」

「事情はよく分からないけど、何か大変なことになっているらしい。場合によっては、帰りは遅くなるかもしれないけど、心配しないように……。」

そう言い残して、急いで東家に向かいました。

東家は私の家から車で十五分くらいの距離にありました。東家はマンションの二階でした。私が着くと、マンションの奥の座敷に香織さんは横たわり呻いていました。香織さんの人格は時に化け猫となり、時に弁財天様となり、時に香織さん自身となり、多重人格の様相を呈していました。私はすぐに、小皿に粗塩《あらしお》を盛って、座敷の四隅《よすみ》に置き、結界《けっかい》を切りました。

そして、一心に般若心経《はんにゃしんぎょう》を唱えました。

「そんなことをしても無駄だよ。こいつをあの世に連れて行ってやる。」

そう、香織さんの中に入っている化け猫が言うと、

「北條さん、すぐに市山先生に電話をして、ここに来てもらいなさい。」

そう、香織さんの中に入っている弁財天様が言います。

私は、すぐに市山先生に電話をして、応援を頼みました。市山先生は、

「北條さん、私は今、行けません。これは北條さん自身の乗り越えなければならない壁なんですよ。」

そう、言われました。致《いた》し方なく、一心不乱に神に祈り、祝詞《のりと》や経文を唱えました。

しかし、香織さんの苦しみはいっこうに消えません。

えんえん、翌朝の五時まで祈祷を続け、その日は諦《あきら》めて、帰りました。

次の日も、夜七時頃になると、また、電話が鳴り響きました。

「北條先生助けて下さい。何か応急処置はありませんか?」

お母さんの八重さんは、途方にくれている様子でした。

「それではですね。香織さんの回りに、塩・米・小豆《あずき》を混《ま》ぜたものを置いて下さい。これから私も、すぐにお伺《うかが》いします。」

私は急いで、東家に向かいました。

東家に着くと、昨夜同様、香織さんは奥の座敷《ざしき》で呻き苦しんでいました。

「ノウマク　サンマンダ　バアザラダア　センダン　マーカロシャダヤ　ソワタヤ　ウンタラタ　カンマン……」

また、一心に祈りました。

──何とかしてやろう、いや、何とかなるはずだ──私の中で、宗教家としての使命感と若さからくる思い上がりがこの時の力の源泉でした。

「こんなことをしても、無駄だ、無駄だ、無駄だ、無駄だよ。この女の中は居心地がすごくよいぞ。ずっと、居続けて、苦しめて、苦しめ抜いてやる！」

相変わらず、化け猫は強気です。この日も、結局、翌朝の五時まで祈祷を続け、帰宅しました。

次の日の午後、妻の晴美と相談し、二人で東家にお邪魔《じゃま》しました。妻の晴美も霊感が強いので、意見を聞くためでした。

東家に通されると、晴美は家の中を見て回りました。壁に、中年の男性の遺影が掛けてありました。

「この写真は？」

晴美の質問に八重さんが、

「亡くなった主人です。」

と、答えました。すると、反射的に、

「え、四十二歳で亡くなったんですか。」

と、晴美が言い出しました。

「なぜ、四十二歳で亡くなったと、亡くなった年齢が分かったんですか。私は何も話していないのに。」

八重さんは、非常に驚いていました。それから、私と妻の晴美は、八重さんから東家に関する細かい事情を尋ね、今後について、話し合いました。が、結局、私が全面的に協力していくことと、それを脇から妻の晴美がサポートしていくしかないことが確認されただけでした。

そして、この日もまた、あの電話がかかってきました。

※

夕方から夜にかけて、東家から助けを求める電話がかかり、家族を残して東家に駆《か》けつける。そして、翌朝まで不眠で祈祷を続け、朝方、家に帰る。その後、二、三時間眠った後、神職としての通常の職務に入る。これが、一ヵ月続きました。鏡の前に立つと、私の顔は、眼が落ち窪《くぼ》み、眼光が異常に鋭《するど》くなっていました。東家の化け猫騒動は、いまだに解決の糸口が見えてきません。

そんな折、知人の紹介で加藤さんという若い男性が、除霊の依頼に見えました。彼は、幻聴に悩んでいました。数ヵ月前に一度おいでになったお客様ですが、その時は私の力不足のため、解決に至らず、無念の涙を飲まされました。

今回はぜひとも何とかしたい。

今の私なら、弁財天様の助力もあるし、何とかなるだろう。そんな、甘い目算も、やがては、もろくも打ち砕かれることになろうとは……。

香織さんの具合のよい時に、弁財天様を降霊していただき、加藤さんの除霊について、アドバイスしてもらいました。

そして、当日、加藤さんが除霊を受けにやって来ました。御神前に加藤さんに座っていただき、その背後に、大皿に粗塩を盛り、その中にロウソクと線香を立てました。私は、ロウソクの火をはさんで加藤さんの背後に座り、真言を唱《とな》えました。

「そんなことをしても無駄だよ、そんなことで、俺《おれ》を追い出せるものかって、言っているよ。」

背中を向けている加藤さんが言いました。

周囲の空気が重く淀《よど》んでいきました。まさに、単なる表現ではなく、実際に部屋の中の空気が濁《にご》って重苦しくなるのです。私は、立ち上がって前に回り、加藤さんの様子を見ました。加藤さんの顔が変わっていました。左右の眉《まゆ》の肉が隆起《りゅうき》し、悪魔と言うにふさわしい恐ろしい目つきで、私をじっと睨《にら》んでいるのです。

私は携帯電話で香織さんにかけました。

「香織さんですか。弁財天様をお願いします。祈祷してもまったく効《き》かないのです。どうすればよいのか教えて下さい。」

「御神前にあげてある水をかけなさい。暴《あば》れるようなら、手足を数珠《じゅず》で縛《しば》りなさい。」

「分かりました。やってみます。」

私は加藤さんに御神前に置いてあったペットボトルに入ったミネラルウォーターをかけました。

しかし、加藤さんに何の変化も見られません。

「もう、何をしても無駄だ、出て行く。」

「ちょ、ちょっとまって下さい。」

私が止めるのも聞かず、加藤さんは境内の方へ出て行ってしまいました。

私はまた、香織さんに電話しました。

「表に出て行ってしまいました。どうしたらよいでしょう。もう、私には打つ手がありません。」

「とにかく、御神前に連《つ》れ戻《もど》し、手足を数珠で縛って、祈祷を続けなさい。私も力をお貸ししましょう。」

「お願いします。」

私は電話を切ると、境内の公衆トイレにいた加藤さんを探し、御神前に連れ戻しました。

そして、手足を数珠で縛り、祈祷を続けましたが、いっこうに加藤さんに変化は現れませんでした。

「私の力では、もう無理です。お帰り下さい。」

私は矢折《やお》れ、弾尽《たま》きた状態で、大きな屈辱《くつじょく》を味わいました。

※

また、ある日、私は香織さんの中の弁財天様と電話で話しました。

「これから、どうやって、香織さんの中の化け猫と戦ったらよいでしょうか。」

「あなたの師匠の市山先生に頼み、来月の十四日、御神前で化け猫の除霊を二人で行いなさい。」

「分かりました。ところで、私の守護霊様があなたはスサノオノミコトの生まれ変わりで、江戸時代には滝沢馬琴でもあったと言うのですが、本当でしょうか?」

「真実です。だから、あなたは人々を救うために魔物と戦わなければならないのです。」

また、弁財天様はこう、付け加えました。

「来年の六月二十六日、東京に大地震が来ます。気をつけてくださいね。」

「分かりました。」

私は、この晩、市山先生に連絡しましたが、やはり、断られてしまいました。もう、こうなったら、一人ででも戦うしかありません。

来月の十四日、それが勝敗を決する日でした。

ともかく、日曜・土曜も休みなく、夕方から明け方まで、東家での除霊は続きました。

私は体重が十キロ程落ちて、顔からは生気も失せました。

月が変わって、十四日を目前にした十三日、やはり、いつもと同じように、東さんからの電話で呼び出され、東家に行くと、例によって奥の座敷で香織さんが呻いていました。

部屋の床一面にブルーのビニールシートが敷き詰《しつ》められ、その中央に香織さんが横たわり、その回りを取り囲むように、塩・米・小豆を混ぜたものが、無雑作《むぞうさ》に撒《ま》かれていました。

「ノウマク　サンマンダ……」

香織さんの前に塩を盛った大皿を置き、その塩の中に線香《せんこう》、ローソクを立て、御真言を唱え続けました。

「こんなことをしても俺は出て行かないよ。俺を追い出せるものか。苦しめて苦しめて、苦しめ抜いてやる。」

化け猫が言うと、すぐに弁財天様に代わって、

「北條さん、頑張って下さいね。愛が人を救うんですよ。市山先生に応援を頼みなさい。」

そう言われて、すぐに市山先生に連絡しましたが、やはり断られました。

午前二時頃になって、弁財天様が言いました。

「狼《おおかみ》です。魔物の狼が送られてきています。次々とこの家に向けて、送られ続けています。」

私は尋ねました。

「いったい、どこから、送られてくるのですか。何のために。」

「あなたの師匠の市山先生が送ってくるのです。市山先生が魔物の黒幕なのです。だから、あなたが連絡しても、応援に来ないのです。」

「じゃあ、どうすればよいのですか?」

「鏡を用意し、市山先生の自宅の方向に向けて立てなさい。そして、その鏡の後ろに、香織さんを隠しなさい。あなたは、包丁《ほうちょう》で狼を斬《き》り、香織さんを守るのです。

私は、お母さんの八重さんに頼んで、姿見《すがたみ》を用意していただき、言われたとおり、横たわる香織さんを隠すように、市山先生の自宅の方向に向けて立てました。

「北條先生、怖《こわ》い! 怖い! 狼がいる! 助けて!」

香織さんに言われましたが、私には何も見えませんでした。

「先生、狼が!」

お母さんの八重さんまでも、言い出しました。私は、仕方なく目に見えぬ狼を、つまりは宙を、包丁で斬り続けました。

しかし、いつまで経《た》っても、その幻影は消えませんでした。

「弁財天様、私はどうしたらよいのですか。この状況を何とかする方法を教えて下さい。」

香織さんの中の弁財天様が言いました。

「魔物に打ち勝つ力、それは愛です。香織さんの全身に、お酒で魔除《まよ》けの印を書きなさい。」

香織さんに、下着姿になってもらい、小皿に入れた酒を指の先につけながら、全身に印をくまなく書きました。ちょうど、「耳なし芳一《ほういち》」のようでした。

明け方近くになっても、いっこうに解決の道は見えてきませんでした。

「このままでは、いつまで待っても埒《らち》が明きません。私の家に行きましょう。」

私は、東さん親子を車に乗せ、自宅に戻りました。

「今日は、弁財天様が言われた、化け猫退治の日です。今日こそ何とかしなければならないし、また、何とかできるものと信じています。」

私は、そう言って、社務所の座敷に布団を敷き、香織さんを寝かせました。そして、市山先生の自宅に向けて、姿見を立てました。

弁財天様に、

「市山先生も必死です。次々と手下の狼を送ってきています。北條先生も危ないです。皆さん、鏡の陰に隠れて下さい。」

そう言われて、八重さんと私も鏡の後ろに隠れました。

やがて、夜も白々と明けてきました。

「殺せ！　殺せ！　こいつら全員、殺してしまえ！」

香織さんの中の化け猫が叫びました。

「あなたの友人を応援に呼びなさい。」

そう、香織さんの中の弁財天様が言いました。私は友人の藤川夫妻、市山先生を通じて知り合った花園さん、吉見さんの四人に、緊急に、おいでくださるように、お願いしました。

一時間程して、四人の方がお見えになりました、妻の晴美も来ました。

――私、妻の晴美、八重さん、香織さんを含めて八人か。そうだ、八犬士だ。私の前世が滝沢馬琴だから、八人がそろったんだ――

私はそう思いました。

香織さんを、私も含め七人で取り囲み、祈祷を始めました。

「ノウマク　サンマンダ　バアザラダア　センダン　マーカロシャダヤ　ソワタヤ、ウンタラタ　カンマン……」

祈祷の途中で、妻の晴美が私の袖《そで》を引きました。

「ちょっと来て。」

妻は、私を洗面所に連れて行くと、突然、平手で私の頬《ほお》を打ちました。

「目を覚まして！　しっかりして。この頃のあなたは、ちょっとおかしいわよ。頼むから正気に戻って！」

妻は、そう言うと私の腕をつかんで、仏壇の前に連れて行きました。

「あなた、しっかり目を覚まして！」

妻は、仏壇《ぶつだん》に向かい、さらに、

「ご先祖様、主人を何とか正気にして下さい。お願いします。」

と、祈りました。

私は、ハッとしました。

「嘘《うそ》だ！　全て嘘だ！」

そう叫ぶと、座敷に戻って、香織さんの腕をつかんで。

「神社の中に入りましょう。」

そう言って、神社に連れて行こうとしました。

「イヤ、行きたくない、やめて！」

私は、嫌がる香織さんを無理矢理、神社に連れて行きました。

神社の中に入ると、私は香織さんの中に入っているモノに言いました。

「化け猫だ、弁財天様だと、ずっと私を騙《だま》し続けてきたな。おまえは何者だ！　神様、助けて下さい。こいつを懲《こ》らしめて下さい。」

すると、そのモノは急に苦しみ始め、

「分かった、従う。もう、苦しめるのは止める。しかし、香織さんの中には、他にも強い魔物がいて、これからも香織さんを苦しめ殺そうとしているぞ。」

「神に逆らえば、必ずその報いを受けるぞ。おまえが私に味方をして協力すれば、その善根によって、お前が今まで香織さんを苦しめた罪も軽減されるはずだ。」

「それは、本当か。本当に罪が軽減されるのか？」

「そのはずだ。」

「分かった。じゃ、協力しよう。その証《あか》しによいことを教えよう。香織さんの中に入っている悪い魔物を追い出したければ、青沢町の日蓮宗妙法寺に行け。そこの坊主なら、追い出せるはずだ。東家の菩提寺《ぼだいじ》だから、八重さんに案内してもらえば分かるだろう。」

私は、集まってもらった友人知人に帰ってもらい、妻子を家に残し、八重さん、香織さんを車に乗せると、妙法寺に向かいました。妙法寺までは、四十分程の距離でした。

妙法寺に着くと、事情を説明し、除霊をお願いしました。本堂に横たえた香織さんに紙の護符を呑《の》ませ、僧侶がお題目を唱え始めました。

「南無《なむ》妙法蓮華経《みょうほうれんげきょう》、南無妙法蓮華経……」

やがて、香織さんが気味悪く笑い出しました。

「アハハハハ、北條さん、今、あなたの家には奥さんと子供達だけだよね。今頃、俺の仲間が、お前の奥さんと子供達の命を奪っている頃だ。アハハハハ……。」

「エッ――。」

私は絶句しました。

「北條先生、早くおうちに帰ってあげて下さい。ここは大丈夫ですから……。」

八重さんの言葉に、私は急いで車に乗りました。しかし、運転しながらも、気が気ではありませんでした。もし、殺されていたら……。

そう思うと、ゾッとしました。

家に着くと、妻子は無事でした。

私は、それから、三ヵ月ぶりに平穏な日常生活に戻りました。しかし、頭の中では、常に事件のことがひっかかっていました。

——いったい、今回の事件は何だったんだろう。どう理解すればよいのだろう。——

二、三週間して落ち着いた頃、東さんに電話をしました。香織さんは、あれからしばらく、妙法寺に泊《と》まって、祈祷を受け続けていたそうです。しかし、まだ、解決には至っていないということでした。

そして、この時を最後にして、東さんとはお互いに連絡を取り合うこともなくなりました。翌年の六月二十六日に大地震は来ませんでした。

「東さん事件」は、こうして未解決のまま終わりました、今、東さん親子がどうしているのか、消息は分かりません。

悪夢のようなこの事件は、あまりにも分からないことが多過ぎました。当時の私の宗教的知識、霊的経験の枠《わく》を超えた事件でした。果たして、この事件の中に真実と言えるものがあったのか、私には全てが幻想であったように思えるのです。

※

以上、「東さん事件」の中には、いっさいのフィクション、誇張《こちょう》を交《まじ》えてはおりません。本当に恐ろしい経験でした。今改めて振り返れば、この事件の中に出てくる化け猫も、弁財天様も、その正体は東家にまつわる怨霊と、私、北條宗親自身の家系因縁にまつわる怨霊です。最後の方で、妙法寺のことを教えて従うと言った怨霊も、従うふりをしたに過ぎません。

東さんと私の怨霊がお互いに手を結んで、こんな事件を作り出したのです。また、正気の時なら、おかしいと気づくことも、強い怨霊に憑依されていると、そんなこともあるかもしれないと思えてしまうから恐ろしいです。

以上のことを踏《ふ》まえて、もう一度、「東さん事件」を読んでみて下さい。霊能に関するさまざまな示唆《しさ》に富んでいると思います。例えば、怨霊には塩や結界は効果がないことや、怨霊が神の名を騙《かた》ること、それに何より、怨霊は人の弱みを知り、巧妙に騙し苦しめることなどが理解できると思います。

この事件の後、私は市山先生に、

「因縁浄化する方法を教えて下さい。怨霊にも、祟られる側にもよい方法はないでしょうか？」

と尋ねました。すると、市山先生は、

「僕はその方法を知りません。だから、教えて差し上げることができません。」と、言われました。それから、毎日、御神前に「因縁浄化」の法を授かるように、願を掛け、祈り続けました。

一ヵ月程経ったある日、突然、妻の晴美が、

「白木《しらき》の位牌《いはい》が見える。」

と、言い出しました。妻の晴美も霊感が強いので、もちろん、この「見える」は霊視を意味しています。

「何て書いてあるか分かるか?」

「分からないけど、字が書いてある。」

「じゃ、御神前に行って聞いてくるよ。」

私はそう言い残して、御神前に行きました。

「神様、仏様、どうか、私に位牌に書くべき字を教えて下さい。お願いします。」

そう念じた後、折本《おりほん》『真言諸経要集』を一気にパッと開きました。

そこには、『密厳院発露懺悔文《みつごんいんほつろさんげのもん》』の中のあるページがありました。

その中の一行――その文字が私の目に飛び込んで来ました。

そこには、次のように書いてありました。

南無《なむ》慚愧《ざんき》懺悔《さんげ》無量所犯罪《むりょうしょはんざい》——と。

「これだ！」

と叫びました。次にすぐに位牌の文字が私の頭に浮かびました。

〇〇家慚愧懺悔無量所犯罪諸霊供養
「怨霊にお詫《わ》びと供養をしろということか！　悪霊め出ていけというやり方は間違いだったんだ。」

これが、私と「懺悔法《さんげほう》」の出会いでした。

この後、「懺悔法」について、さらに深く知ることになりました。

数年後、妻の晴美が怨霊のために命を落とすことになるのですが、そのいきさつについては、また、後ほど、お話させていただきます。

第三章

霊能力

◉――霊能力とは

私も含め、私の弟子達も、全員が全員、因縁《いんねん》の重い者ばかりです。見ているとテレビに出演している霊能力者達も皆、因縁の重い方々ばかりのようです。どうした理由なのか、霊能力という力は因縁の重い者の中に生まれる力のようです。何百体もの怨霊《おんりょう》を体内に宿《やど》した人の中に、霊感の鋭《するど》い人がいるのです。因縁の重い人が全て霊感があるかというと、それはないのですが。

なぜ、因縁の重い者の中に霊能力者が生まれるのでしょう。そのはっきりとした理由は分かりませんが、体内に宿る怨霊の力によって霊能力が開眼してしまうのではないかと思います。霊感という力は、人間の眉間《みけん》にある天眼《てんがん》の覚醒《かくせい》によるものです。分かりやすく言いますと、眉間に霊能力を開く窓があるのです。普通の人は、その窓が閉まっているのですが、霊能力のある人はその窓が開いているのです。霊能力を開発しようとする場合、ヘソ下の丹田《たんでん》に気を蓄積《ちくせき》し、その気を天眼に集中させて、内側からこの窓を開くのです。

私は、この窓を怨霊が開くこともあるのではないかと考えています。怨霊が、憑依《ひょうい》している人間の人格を支配しようとする場合、この窓を内側から開く必要があるからです。

そして、霊能力という能力は、自分を守ろうとする守護霊様とのアンテナにもなれば、自分を苦しめ殺そうとしている怨霊のアンテナにもなるのです。ですから、怨霊をそのままにしておくと、守護霊様からの正しい情報と、怨霊からの誤った情報を、両方とも区別することなく、受信してしまうのです。

そうすると、どうなるかと言いますと、霊がいない所に霊を見たり、霊の声を聞いたりします。つまり、怨霊に五感を支配されるために、こういう現象が起こるのです。私は、このような現象を、霊的幻覚幻聴現象と呼んでいます。極端な場合、怨霊によって、ラップ音が起こったり、ポルターガイスト現象が起こることもあるのです。

あるいは、怨霊が神や守護霊を名乗って誤った情報によって惑《まど》わすこともあります。本当はあなたに入っている怨霊が祟《たた》っているにもかかわらず、三代前の先祖が川で溺《おぼ》れて死んだまま成仏していないことを知らせたくて苦しめたとか、あなたの住んでいる所は、昔は戦場や墓地だったとか、あなたのお爺さんが、お稲荷《いなり》さんの鳥居《とりい》におしっこをかけたから、お稲荷さんが怒っている等々、嘘《うそ》ばかりです。怨霊の嘘は巧妙です。すぐに化けの皮が剥《は》がれるようなヘマはいたしません。古来、怨霊が神や守護霊になりすましたものを「寸善尺魔《すんぜんさくま》」と言って、恐れてきました。

考えてみて下さい。怨霊は、あなたの何代も昔の先祖から、取り憑《つ》き続けてきたわけです。あなたの家の歴史の全て、あなたのお爺《じい》さん、お婆《ばあ》さんの過去やクセに至るまで、また、あなたの家族の全て、家族構成から家族の性格やクセ、家の中の細かい様子《ようす》に至るまで、全てのことを、あなた以上に熟知しているのです。

もし、霊能力者の所にあなたが相談に行ったとして、あなたの中の怨霊と、霊能力者の中の怨霊が手を結んで、あなたを惑わそうとしたならば、いったい、どうなると思いますか？

霊能力者には、あなた以外には絶対に知り得ない、あなたの家庭の中の様子が、怨霊を通じて、情報としてもたらされるのです。そして、その情報が怨霊によってもたらされたことを、相談者のあなたも、相手の霊能力者も気づいていないとしたら。

よく、当たる！　――そのことに、あなたは驚き、その霊能力者を盲目的に信じるようになる。その霊能力者は、いわば怨霊の操《あやつ》り人形となって、怨霊の意に背《そむ》くことは言わないでしょう。のらりくらりと、たわいもないことを言って、いつまでたっても、核心の怨霊については、何も告げない。

「あなたの亡くなったお母さんが、今でもそばにいて、病気に気をつけなさいと言ってい

ますよ。」とか、

「あなたの亡くなったお婆さんはとても几帳面《きちょうめん》な方でしたね。そして、あなたの幸せを今も見守っていますよ。」

というように、本当の核心である祟りから、どんどん話がずれていくように、怨霊達はしむけるのです。怨霊が自ら病気を起こしているのに、「病気に気をつけなさい」とは、あきれてしまいます。

「寸善尺魔」は、以上のように、非常に知能的に人を騙《だま》し、誤った方向に導こうとするのです。よく、当たる！　——そのことに耳目《じもく》を奪われてはなりません。

特に、霊感の強い人は注意が必要です。なぜならば、一般の人と違って、怨霊に人格を支配されやすいのです。良くも悪しくも霊の意志を受信しやすいわけです。

怨霊が霊能力者を破滅に導く場合、たいがい、まず最初は、褒《ほ》め殺しから始まります。

怨霊はこう言うでしょう。

「私は、神です。あなたは本当に、愛にあふれた、すばらしい方です。あなたは、世界平和のために、神である私に選ばれたのです。」

と。あなたは、神に選ばれた——そのことに感激し、すっかり、怨霊を神だと信じきってしまうでしょう。そうなったら、霊能力者としてのあなたは怨霊の思うままに動く、操《あやつ》り人形になってしまいます。最悪の場合、怨霊によって、ついには自殺に追い込まれることも起こりうるでしょう。私は、そのような例を二人知っています。そして、そのうちの一人は、私の先妻の晴美（仮名）です。

全国の霊能力者、また霊感のある方に、私が申し上げたいのは、まず、自分の中の怨霊に気づいて下さい。そして、正しい対処をして下さいということでしょうか。

それでは、果たして彼らに因縁浄化ができるのでしょうか。日本全国には多くの霊能力者や、霊にたずさわる仕事をしている方がいらっしゃいます。しかし、その中のどれ程の方が、正しく因縁浄化を行えるのか、その数は非常に少ないと思います。多くの方は、自分の中に怨霊が憑依していることに気づくことなく、平気で霊能の仕事に従事しているのが現実です。

霊能力者も人間です。当然、怨霊が憑依している可能性だってあるわけです。なのに、そのことに気づかず、霊能の仕事をしているのです。

自分の中に入っている怨霊に気づかないくらいですから、当然、正しい因縁浄化法を知っているはずもありません。彼らはいたずらに除霊を続けるばかりです。怨念という想念をそのままに、除霊を続けたところで、怨霊が消えるはずもありません。怨霊は出て行ったふりをして、また、恨みを晴らす機会をうかがうだけのことです。

肝心《かんじん》なことは、怨念の浄化、燃焼です。怨霊は、怨念という想念ゆえに怨霊たりうるのですから、怨念に対する正しい対処法が求められるわけです。

私の知る限りにおいて、怨念を燃焼し、因縁を浄化する方法は、「懺悔法《さんげほう》」をおいて、他にはないのではないでしょうか。弘法大師《こうぼうだいし》様が、千二百年前に嵯峨《さが》天皇の勅命《ちょくめい》によって平城《へいぜい》上皇《じょうこう》の祟《たた》り鎮《しず》めに用いた「懺悔法」。

アメリカ映画『グリーンマイル』の中で、主人公の死刑囚が病気治しに使うこの方法は、確実に怨念を燃焼し、因縁を浄化し、不幸を幸福に変えていくことになるでしょう。

◉──霊能力と神通力の違い

霊能力と神通力、この二つの力は似ているようで、厳密には違います。霊能力は超能力の一種で、人間の中に内包されている潜在能力の一つです。原始、人間が野性に生きていた時代の自己防衛のための本能的な力です。

それが、文明の発達によって、退化してしまったのです。その能力が、現代、因縁の重い人の中に蘇《よみがえ》ってしまうわけです。

霊能力は自己の能力ですから、ギャンブルであろうが何だろうが、自由に応用できるわけです。ただし、怨霊の影響を受けます。

では、神通力は何かと言いますと、神様（高級霊）からの情報を受信したり、神様から能力を借りることを指《さ》します。神通力を得るにはどうしたらよいか。まず、自己の因縁を浄化して怨霊による影響を消去し正しい情報のみが入るようにします。ここまでは、霊能力です。そのうえに、自己の意識を高め、生き方を正しくして、より霊格の高い霊体からの情報を受信できるようにすれば、やがては神通力を得るようになります。

神通力と霊能力の決定的相違点は、神通力には神様の意志が反映されるということです。つまり、ギャンブルなど、個人の欲望や利益のためには使えないということです。

また、こんなこともあります。

私は、相談者の体をサッと触《さわ》るだけで、その方の体のどこに怨霊がいて、体のどこに病気が起こるかが分かってしまうのですが。その相談者の生き方が悪い場合には、いくら触っても分からなくなってしまうのです。いくら触っても、何も感知できなくなるのです。

不倫をしている人、平気で堕胎《だたい》している人、欲の深い人、傲慢《ごうまん》な人などが相談に訪れると、仕方なくお断りしてお帰りいただくことにしています。

また、霊能力は自己の生き方にかかわらず消えることはないと思いますが、神通力は生き方によっては、たちどころに消えてしまいます。

◉――写真鑑定

写真鑑定《かんてい》には次のような種類があります。

まず、写真を使って、映っている人の因縁を霊視《れいし》し、体のどこに怨霊が憑依しているかを調べます。ただし、因縁も個人のプライバシーですので、許可なく赤の他人の霊視はできません。公共の利益にかかわる場合や、肉親、交際相手などからの依頼に限られます。許可がないと霊視しようとしても霊視ができないのです。

次に、いわゆる心霊写真の鑑定です。写真に写り込んでいるものが何かを調べます。

心霊写真の種類

①怨霊（憑依型怨霊）

これは、被写体となった方の中に入っている怨霊がオーブ（白球体型霊魂）や、はっきり人の姿として写り込むものです。

②地縛霊《じばくれい》

そこで死んだ自殺者の霊、事故死者の霊、そこで殺された方の怨霊が写り込みます。

③浮遊霊

自己の死を突然の事故死などで自覚できないままに死んだ者の霊が浮遊するもの。

④神（高級霊）

何らかのメッセージを込めて神が写り込んだもの。

⑤身内の不成仏霊

亡くなった家族などが、霊界に行くまでの期間、別れを惜《お》しんで写り込むもの、あるいは家族を守ろうとして守護霊となったものが写り込むもの。

⑥予告

神や守護霊による予告は、幸運な出来事や、不幸な出来事を事前に知らせるものです。不幸な出来事としては、身内の死を知らせるために、葬儀《そうぎ》の時の故人の写真額の額縁《がくぶち》だけが写り込んだりします。今までに二回程見ています。

怨霊による復讐《ふくしゅう》予告は、体の一部が消えたり歪《ゆが》んだりして写ります。これは、体の一部に強い怨霊が憑依して起こります、自分の中に怨霊が憑依していることに気づいていない霊能力者は、自分の中の怨霊に操られ、相談者の中の怨霊を見逃すため、こういう写真を見ても、怨霊の復讐を見抜けずに、

「守護霊様が怪我《けが》に注意するように教えています。」

などと言います。実際には、怨霊がこれから怪我させてやるぞという復讐予告なのです。

心霊写真を所有すること自体には、何の危険もありませんが、地縛霊の写った場所へは、危険ですので行かないほうがよいです。また、憑依型怨霊や怨霊の復讐予告の写真が撮《と》れた時には被写体となった方が危険ですので、因縁浄化の必要があります。

最後に行方不明者の生死の確認です。怨霊はほとんど全ての人に憑依しています。万が一に怨霊が憑依していない人がいても、そのような人が行方不明《ゆくえふめい》になるような事件に巻き込まれたりすることはないのです。

ですから、行方不明者の写真を見て、憑依型怨霊が感知できなければ、その方はすでに死んでいると思ってほぼ間違いないと思います。なぜならば、死者に、死者である怨霊が憑依

することはできないからです。

また、霊視に使う写真はどんなに古くてもかまいません。あくまでも、そこに写り込むのは現在の霊的状況なのです。

◉――生霊について

よく聞かれる質問に、生霊《いきりょう》についてのものが多くあります。生霊に取り憑《つ》かれることがありますかとか、生霊に苦しめられていますが、どうしたらよいでしょうかと聞かれます。皆さん、生霊について、誤った情報が氾濫《はんらん》しているのを知らないんですね。

そもそも、生霊というのは、幽体離脱《ゆうたいりだつ》した魂のことを言うのです。この時、肉体は睡眠《すいみん》状態で、魂だけが肉体から抜け出て、空間を移動します。そして、抜け出た魂と肉体は魂の緒《たまお》と呼ばれる細い筋でつながっていて、たとえ、どんなに遠い所に離れても、魂の緒が切れることはありません。魂の緒が切れるということは、死を意味するのです。

人間は、臨終《りんじゅう》を迎えると、幽体離脱し始めます。そして、知人や友人の所にお別れにまわります。やがて、死の瞬間が来ると魂の緒が切れるのです。

一方に生きて行動している人間がいて、他の場所に生霊として、もう一つの人格が存在することは絶対にないのです。

時に、臨終ではないのに幽体離脱することもあります。たとえば、長い間、病床にある方が、どうしても京都に行ってみたいという思いが強く、生霊として京都等で目撃される例もあります。

では、生霊が人を苦しめたり、殺すことができるかというと、それはできません。もし、それができたら、世界に独裁者が生き続けることなどできるわけがないのです。

◉──降霊について

人や神の霊を自分の中に入れて、自分の意識を人や神の霊に貸して、その人や神が自分の口を使ってしゃべったりする能力、また、その能力を持つ人のことを霊媒《れいばい》と言い、この行為を降霊《こうれい》と言います。あるいは、意識を貸さないまでも、「シークレット・ボイス」と言って、人や神の霊の声が自分に聞こえてくることもあります。

しかし、ここに一つの問題があります。その人や神の霊が、その霊の自己申告どおりの人や神の霊とは限らないということです。怨霊が他の人や神のふりをして騙《だま》すことが多いのです。

では、怨霊に騙されたり、怨霊の洗脳にあわないようにするには、いったいどうすればよいのでしょう。懺悔法を行うことは当然として、それには「審神《さにわ》」と呼ばれる、霊の正邪《せいじゃ》を見極める能力を身につける必要があります。霊の正邪を見極める行為・能力、また、これを行う人のことをも「審神」と呼びます。

では、「審神」の能力を身につけ、霊の正邪を見極められるようにするためには、どのような修行をしたらよいのか。

まず、古今東西、人生や宗教について書き残された書籍に道を問わねばなりません。正しい倫理観、正しい宗教観を身につけ、自分の中に物差しを作って下さい。その物差しに照らし合わせて、全てを判断していきます。

正しい霊は、決して人の道を外れたことや、誤った宗教観によることを言いません。人の道に外れたことや誤った宗教観によることを言ったとしたら、それは怨霊である可能性が高いということです。ここで言う「霊の正邪」とは、正しい情報を伝える霊のことを「正」と言い、間違った情報を伝える霊のことを「邪」と言っているのであって、怨霊を邪《よこしま》な霊、つまり邪霊と呼んでいるわけではありません。

怨霊＝邪霊、悪霊ではないのです。確かに、怨霊の中には自分が苦しめられ、殺されなければならなかった因果を聞いても、なお、祟ろうとする邪霊、悪霊と呼ばれる者がいるのも事実です。そういう時には、御祈祷《ごきとう》をしていても、神様が首根っこを捕《つか》まえて、地獄に連れ去られるのが、分かることもあります。

しかし、基本的には怨霊は邪霊でも悪霊でもありません。生きている人間だって、死んでいる怨霊だって同じです。理由もなく、人が人を怨《うら》んだり、祟ったりはしません。怨霊達だって、もっと生きたかった、幸せにもなりたかったのです。その夢を握りつぶしたのは、祟られている者の先祖です。今までの霊能力者は、皆、怨霊を見ると、邪霊、悪霊扱いをします。しかし、理屈を考えれば、それが誤りであることが分かると思います。

自分の中に物差しがあれば、霊の正邪を見極められることが、これでお分かりいただけたと思いますが、では、その物差しが狂っていたらどうしましょう。ここが難しい。つまり、世の中には人生や宗教に関する書物があふれていて、ヘタをすると誤った書籍に出くわしかねないのです。正しい宗教もいっぱいありますが、間違った宗教もいっぱいあるのです。正しい宗教とは何か？　間違った宗教とは何か？

何だと思います？

正しい宗教とは正しい倫理観に裏づけられたもの、間違った宗教とは間違った倫理観によるものなのです。

自分の中に物差しを作る。この他に、もう一つ「審神」に大切なことがあります。それは、霊の言葉のウラをとることです。霊の言葉の内容が事実であるかどうか、正しい人や神の霊であれば、その情報も正しいはずだからです。ただし、降霊に立ち会っている人がすでに知っている情報ですと、その人の中の怨霊を通じて、降霊した霊に、すでにその情報が漏《も》れている可能性があるので御用心、御用心。

ですから、降霊した霊が知っているはずのことをたくさん聞いて下さい。そして、あとで、それが事実と合致しているかのウラを取って下さい。正しい人や神の霊なら、全て当たっているはずです。また、単純な怨霊であれば、自分の知っている情報を尋《たず》ねただけでも、間違った答えを言い、すぐにボロを出すこともあるので、ためしてみて下さい。

ちなみに、狐狗狸《こっくり》さんなどの降霊遊びで降りてくる霊は、全て、参加者の中の誰かの中に入っている怨霊です。絶対にやらないほうがよいと思います。

◉──霊感商法とは

「この壺を買えば因縁が浄化できる！」

「この仏像を買えば因縁が解ける！」

などと霊能力者や占い師に言われ、数百万円もする物を買わされたという方が時々いらっしゃいます。

私は、

「もったいない、ドブにお金を捨てましたね。」

と、答えるようにしています。

実際、そんな物を、そんな高額で買ったところで、因縁なんて浄化できるものじゃありません。だいたい法外な価格で、品物を売るつけるような霊能力者には、霊的な力などないものと思ってよいでしょう。高額な料金を払っても、それで、本当に効果があるなら、まだよいと思います。しかし、まったく効果がないのが現実だと思って下さい。

皆さん、くれぐれも悪質な霊能力者にひっかからないようにして下さい。

第四章

怨　霊

◉――怨霊とは――除霊と浄霊の違い

怨霊《おんりょう》とは、自分の両親やその先祖によって殺され苦しめられた恨みを持つ霊のことです。そして、怨霊は、自分の肉体と精神に苦しみを与え続け、ついには命を奪います。

怨霊は、早ければ、母親の胎内にいる頃から両親、また祖父母から流れ始めます。そうすると、流産や難産などの妊娠に対する障害が起こります。その後は、不定期に少しずつ流れ続けます。一日、二十四時間、いつ流れてくるかは決まっておりません。やがて、体の中に大量の怨霊が蓄積されてくると、肉体に病気や不調が発生してきます。

自分が結婚し、子供が生まれると、怨霊は今度は自分や両親、祖父母から、その子に流れ始めます。そして、自分が死ぬと最後に残っていた怨霊は子供や孫に受け継がれるのです。この循環を繰り返し、怨霊は代々、流れ続けるのです。一体の怨霊が最高五百年にわたって祟《たた》り続けます。怨《うら》み尽くした怨霊は霊界や地獄に行き再び輪廻転生《りんねてんしょう》するのです。

また、怨みの深い怨霊は、そのエネルギーによって、ラップ音や、ポルターガイストを起こし、発火させることさえ可能なのです。

怨霊はどう思って祟っているのでしょうか。

「俺《おれ》を殺した相手が許せない。俺を殺した奴《やつ》の子孫であるお前を、のうのうと幸せにさせてたまるか。きっと、俺と同じ思いを味あわせてやる。」

そう思っています。この思いは、祟り続けていくうちに、少しずつ、少しずつ、消却されていきます。何代にもわたって祟り続けると、怨みの思いも、かなり弱くなっていきます。

そういう、古い怨霊は比較的容易に従ってくれます。祟り続けることよりも、御祈祷《ごきとう》に従って霊界に昇《のぼ》り、来世の幸せを望みたいと思う霊もおります。

年代の若い霊、太平洋戦争で殺された方の霊などは、怨みの思いがフレッシュで、なかなか納得してくれないのです。

私の師は言いました。

「生きている人間にせよ、死んでいる怨霊にせよ、人が人を理由もなく、怨んだり祟ったりしないよ。」

と。御祈祷にとって、大切なことは、怨霊達の思いをいかに癒《いや》せるかということです。

怨霊の念の強さはいろいろです。弱いものは念鎮《ねんしず》めの所要時間は三分から五分、最も強いものは、私がしてきたものの中では十時間かかりました。私は、怨霊の念の強さをポイントで数えています。五分を一ポイントと数え、例えば、念鎮めに三十分かかるものは六ポイント、一時間かかるものは十二ポイントと数えています。

一ポイントの怨霊が十体、全身のあちこちに憑《つ》いているケースと、十ポイントの怨霊が一体、体の一ヵ所に憑いているケースとでは、十ポイントの怨霊が一ヵ所に憑いている方が危険です。全体のポイントは同じでも、一極集中で、強い怨霊が憑いているケースの方が、ガンの発生など、より危険だということです。

赤ん坊の頃より両親から流れ続けている怨霊は年を追うごとに体の中に蓄積されていきます。そして、蓄積された怨霊の影響は、自分が気力体力充実の年回りには最小限に抑えられますが、厄年のようにバイオリズムの低下する年回りには、最大限に出ることになります。

青少年期の厄年には怨霊の影響が最大限になり、因縁の重い者は非行に走ることもあります。怨霊の影響により、意味もなく親が憎らしくなったり、怨霊の影響により不眠となり、夜型の生活になりやすくなります。

また、青少年のキレルという精神状態も、怨霊が前頭部や眉間《みけん》に憑依《ひょうい》していると起こりやすくなります。

怨霊が原因でアルコール中毒になることもあります。

また、お酒を飲むと自分の人格が弱くなり、怨霊に人格を支配されやすくなります。お酒を飲まないと猫のようにおとなしい人が、お酒を飲むと人格が豹変《ひょうへん》したりするのはこのためです。

金縛《かなしば》りも怨霊によります。

私は二回ほど、金縛りの経験があります。金縛りは疲労時に起こりやすいと言われています。霊的には、脳下垂体《のうかすいたい》に怨霊が憑依して全身の神経に作用して起こります。

また、怨霊が長年にわたり臓器などに憑依し続けると、肉体に余計な負荷《ふか》がかかり、老化が早まります。

実年齢より若く見えるということは、それだけ肉体に余計な負荷がかからず、実際にも肉体は若く、老化のスピードが遅いということだと思います。

逆に、実年齢より老《ふ》けて見えるということは、それだけ肉体に怨霊による余計な負荷がかかっているということで、実際に肉体の老化のスピードが早いということだと考えます。

怨霊は多くの場合、祟る相手の体の一部の決まった部位に憑依し続けていますが、中には、体の中を動き回って苦しめる怨霊もいます。

怨霊に対する御祈祷には除霊と浄霊があります。

怨霊に対して。

「悪霊め、出ていけ!」

と、やるのが除霊です。怨念をそのままに怨霊を体外に追い出したところで、すぐ戻ってきてしまいます。無駄な労力と言ってよいと思います。

これに対して、癒《いや》しの祈りを与えるのが浄霊です。しかし、一般の浄霊は、怨念の軽いもののしか霊界に送ることができません。はっきり言って限界があります。

怨念自体を燃焼してしまう懺悔法の優位性がここにあります。懺悔法は、怨念の軽重にかかわらず、確実に怨念を消滅させ、怨霊を霊界あるいは地獄に送ることができるのです。

◉——祟りの四つのパターン

祟り、つまり、怨霊の私達に対する苦しめ方には四つのパターンがあります。

次に、この四つのパターンについて解説いたします。

①肉体的病気

決してオーバーな表現ではなく、肉体的病気のうち、七割程が怨霊によるものではないでしょうか。怨霊が関与しない病気は全体の三割くらいと思われます。

②精神的病気

私の経験では、精神的病気のうち、かなりの方が怨霊によるものでした。統合失調症なども、その多くが怨霊によるものと思われます。私は今までに何度か扱ってきました。

③異常行動

アルコール中毒や、ギャンブル狂、異常な性衝動などです。

④人間関係を破壊

親子、夫婦、兄弟、社会的人間関係を破壊します。

◉——憑依箇所とその影響

怨霊が体のどこに入っているかで、その影響に違いがあります。

次にその一覧表を掲《かか》げます。

憑依箇所	影響
前頭部	前頭部の痛み クモ膜下出血 不眠 ウツ めまい 思考能力の低下 高血圧 脳内出血 脳梗塞 脳溢血 脳腫瘍 悪夢を見る　等
後頭部	後頭部の痛み 脳内出血 自律神経失調症 脳梗塞 脳溢血 脳腫瘍　等
三半規管	メニエール病
脳下垂体	不妊症 ホルモン異常 無気力 拒食症 過食症
視床下部	嘔吐 原因不明の高熱
眉間	霊能力の発達 キレル イライラ 感情の起伏激しくなる　等
眼	視力の低下 乱視　等
耳	聴力の低下　等
鼻	鼻づまり 腫瘍 臭覚が鈍感になる　等
舌	舌ガン 味覚が鈍感になる　等

首	首のコリ 首の腫瘍 甲状腺の病気　等
喉	咽頭ガン 声が出にくい　等
肩	肩こり 四十肩 五十肩　等
胸	ぜんそく　等
背中	背中の痛み 椎間板ヘルニア 腫瘍　等
肺	肺ガン 肺水腫 肺気腫　等
心臓	心不全 心筋梗塞 狭心症　等
胃	胃ガン 胃潰瘍　等

食道	食道ガン 胸やけ　等
肝臓	肝硬変 肝臓ガン　等
腎臓	腎臓ガン 腎不全 疲れやすい 皮膚疾患 アトピー アレルギー体質 喘息　等
膵臓	糖尿病 膵臓ガン　等
腸	大腸ガン 下痢　等
下腸部	前立腺ガン 膀胱ガン 膀胱炎　等
生殖器	不妊症　等

子宮・卵巣	不妊症 生理痛が重い 子宮ガン 若いのに生理がなくなる　等
肛門	便秘 便通がゆるくなる 痔　等

腰	腰痛 糖尿病
腕	腕の痛み
手	手の痛み
足	足の痛み
膝	膝の痛み

以上、怨霊の憑依によって起こりうる病気です。ここに掲げた病気になったら、全て怨霊によるというわけではありません。当然怨霊によらない場合もあります。

また、人間の肉体を霊的に見ると、二重構造になっています。霊的肉体の内部には多数の怨霊が入っています。その怨霊が霊的肉体の表面に出てきたり、また内部に入ったりして人間を苦しめるのです。内部に入っている怨霊はその人の人格を支配しようとし、また、影響を与えます。表面に出ている怨霊はその人に肉体的苦痛を与えたり、思考能力を低下させたりします。

霊的肉体の内部に憑依がある時には、次のような症状が起こることがあります。

・霊的内部

統合失調症
アルコール中毒
ギャンブルに狂う
キレル
性格異常
異性に狂う
性格が暗くなる
マイナス思考
無気力
残虐になる　等

次に、怨霊の影響がまったくないものを掲げます。

インフルエンザ
ものもらい
結膜炎
水虫

風邪
エイズ
高脂血症
結核　等

以上、怨霊の憑依箇所《かしょ》と、その影響について説明させていただきましたが、怨霊は、一ヵ所につき一体とは限りません。一ヵ所に複数体、場合によっては十体以上の怨霊が憑依することもあります。

また、霊視能力者に見えるものは、表面に出ている怨霊だけで、内部に入っている怨霊を見ることはできません。

◉――先祖供養を中断？

非常に因縁が重い方には、一時的、と言っても数年単位にもなりますが、先祖供養を中断していただくことがあります。

時々、こういう方がいらっしゃいます。

「私の家は先祖供養を一生懸命やっているのに、なぜ不幸ばかり続くのでしょうか？」

と。先祖供養をしているにもかかわらず、不幸になるということは、不幸の原因は先祖ではないということです。そして、因縁の重い家系においては、先祖供養をすればするほど、不幸になるということです。

怨霊の立場から見れば、自分達を殺し苦しめた相手が供養を受けることが許せないのです。ですから、先祖によかれと思ってお墓を作り直したら新仏《にいぼとけ》が出てしまったということもよく耳にしますし、お盆やお彼岸の時期になると、墓参りの帰りに、一家四人がダンプカーと正面衝突して即死するというような大事故が起こるのです。

私が、先祖供養の中止をお願いすると、

「先祖供養を止めたら、ご先祖さまが怒りませんか？」

と、聞かれることがあります。

しかし、皆さんが先祖の立場だったら、どう思うでしょうか。

自分の子孫が怨霊によって苦しめられていたならば、私のことなんかかまわなくていいから、早く怨霊の怨みを鎮めて幸せになってくれと思うに違いありません。

ですから、場合によっては、怨霊の気持ちを逆なでしないために、先祖供養を一時中止する必要があるのです。

◉――生き方を変えれば怨霊は去ってくれるのか？

私は大学時代、大学の恩師の影響で、根本仏教に傾倒していました。根本仏教は、釈迦生前の教えに対する研究から生まれた、釈迦生前の教えに対する名称です。そして、根本仏教の思想は、人間がいかにして生きるべきかを説いたもので、奇跡や霊魂・霊能の世界とは両極端にあるものです。

根本仏教によれば、生き方を正しくすれば幸せになれるはずでした。しかし、実際にはそれでも幸せになれないことが多いのです。人間は前世の罪が償われない限り幸せになることは許されないのか。

いったい、幸福と不幸を分けるもの、それは何なのか？

私は答えを求めて占術の研究に没頭しましたが、結局、その答えは真言密教の中にありました。その答えが、この本にまとめられた内容です。因縁についてはすでに、弘法大師様の

『秘密曼荼羅《ひみつまんだら》十住心論《じゅうじゅうしんろん》』の中に詳細な記述があります。

結論として、生き方を変えても不幸の原因となる怨霊は去ってくれません。しかし、正しく生きることは決して無駄なことではありません。神仏や守護霊の導きによって因縁浄化の道にたどりつく方もいらっしゃいますし、命を奪われるところを九死に一生を得る方もおいでです。

また、正しく生きていなければ、御祈祷を受けることさえできません。

自分が幸せになるための第一歩が、正しく生きることであることには間違いはないのです。

【エピソード2】～霊媒能力の目覚め――妻の死を乗り越えて～

先妻の晴美（仮名）は、非常に感情の起伏が激しく、また、霊感の強い女性でした。

ある時、こんなことがありました。東京の西郊青沢市（仮名）の山中にある木工工場から霊視の依頼がありました。

内容は、安全装置が働いているにもかかわらず、従業員の方が機械で指を切り落としてしまうというのです。また、原因不明でブレーカーが落ちてしまうということでした。

この工場は、沢を埋め立てて作ったという説明で、まだ、新しい工場でした。

私が霊視していると、工場の床の中央に一体の地縛霊《じばくれい》がありました。

御真言を唱えて祈り始めると、コンクリート打ちっぱなしの工場の床の上に人間の頭蓋骨《ずがいこつ》が三十センチくらい浮かび上がって見えてきました。

どうやら、床下に人間の頭蓋骨が埋まっているようです。殺されて、バラバラにされて、埋められたんでしょう。工場の造成中か、その前のことでしょう。

家に帰ってから、妻の晴美に、今日のことを話しました。すると、晴美がこう言うのです。

「春日井初江（仮名）。春日井ゆり子（仮名）。そして、八王子って聞こえるんだけど。」

「じゃ、電話帳で調べてみようか。」

まさか、と思いましたが、電話帳で調べてみました。八王子市内に春日井さんという家は四軒ありました。一軒一軒、電話をして、

「春日井初江さん、ゆり子さんをご存知ではないでしょうか？」

そう尋ねました。すると、三軒目の春日井さんのお宅で、二人共知っていますと言われました。

初江さんは今年八十歳で岐阜に住んでおり、ゆり子さんは埼玉県大宮に嫁《とつ》いでいるとい

う話でした。そして、事情を説明し、二人の連絡先をお尋《たず》ねしたところ、「気味が悪い」と、電話を切られました。

私は驚《おどろ》きました。晴美は縁もゆかりもない第三者の存在を当てたのです。ということは、工場の床下に眠る頭蓋骨と、春日井初江さん、ゆり子さんの間には何らかの因果関係があると見て間違いありません。もしかすると、家族の誰かかもしれません。

それから数年、我が家の時計は平穏に時を刻み続けていきました。その間に、子供は一男二女に増え、このまま、この幸せが続いていくと信じておりました。

平成十三年九月五日、父が脳内出血で亡くなりました。数年間、車椅子の生活を送った末の死でした。思えば、この父の死が、これから起こる禍々《まがまが》しき出来事の始まりでした。

平成十四年はその幕明けからして不吉な出来事が起こりました。一月元旦の午前零時、日本中の神社仏閣では、新しき年を祝う神事仏事が執《と》り行われます。寺院では除夜の鐘《かね》、神社においても、それぞれ歴史ある行事が行われるものです。

私どもの神社では、毎年元旦の午前零時、新年の吉凶を占う蟇目《ひきめ》という神事を行います。吉田流という神道祈祷《しんとうきとう》の流派の御神事で、蟇目という矢を弓につがえて、的《まと》を射るというもので、これによって、その年の吉凶を占うものです。矢が的を射落とせば吉、外れれば凶となるわけです。

的は、縁起を担《かつ》ぐため、割れやすく作ってあり、しかも、一メートルくらいの至近距離から矢を射ます。外れると不吉なので、間違いなく射落とせるようにしてあるのです。

ところが、この日、一矢目が的を外しました。私は間違いなく、真っ直ぐに矢を射たはずなのに、矢は的の上方にそれました。

通常、二矢を射ることは、いまだかつてなかったことですが、縁起《えんぎ》を担《かつ》ぎ、不吉を打ち消すためにも二矢目を射ることにしました。

私も、今度こそ外すまいと、気合を入れて矢を放ちました。

しかし、二矢目も的をそれました。私は致《いた》し方なく、そのまま神事を終えました。

私は神事を終え、自宅に戻り、妻の晴美に、

「何か悪いことでも起きなければよいが……。何としても不吉なことだ。」

と、話しましたが、その時には、まさか自分の家にその災いが降りかかろうとは、思いもよりませんでした。

平成十四年の正月も、その忙しさがやっと落ち着いた頃、妻の晴美が、急におかしなことを言い出しました。

「私の中にお稲荷《いなり》様が入っていらっしゃるの。私の父が、昔、毎日お掃除《そうじ》をさせていただいていた稲荷神社のお稲荷様がそのお礼に私の中に入ったのよ。」

妻から以前聞いたことがあります。妻の父が、まだ幼かった頃、近所にあった稲荷神社に誰に言われるでもなく、毎日、境内の掃除に行っていたそうです、ある日、父がふと社殿の中を見たところ、真っ白な狐《きつね》が父の方を見ていました。それで、父はその白狐が、恐ろしくなって、それ以来、お掃除には行けなくなったというのです。

妻は、その時の白狐が自分に入ったと信じているのです。

私は怨霊がお稲荷様の振りをしているのかと思い、懺悔法《さんげほう》を行おうとしましたが、波動が合いませんでした。あるいは、私の力の及ばぬ程、怨みの深い、強力な怨霊が入っているか、はたまた、本当のお稲荷様か。判断をいったん、保留にすることに決めました。こういう時、あせって答えを出そうとして、間違った答えを導き出すほうが怖いのです。

お稲荷様は、怒らせると怖《こわ》い神様だとか、非常に扱いにくい神であるような風聞が広がっていますが、これは「お稲荷様のタタリ」をカモフラージュに使って怨霊が祟るため、そのような悪い噂《うわさ》がたっただけで、本当のお稲荷様は、決して怖い神でも、扱いにくい神でもありません。仮にも神として祀られる以上、お稲荷様も霊格の高い高級霊としての神に違いはありません。縄文時代以来、神道は、ネイティブ・アメリカンの人々のように動物や鳥などをも神として祀ってきました。

それは、動物や鳥などに、時として人間を超越した力があることを認めたからです。ところが、日本に仏教や儒教が入ってくると、動物や鳥のような畜生を拝むのはおかしい、万事において人間のほうが優《すぐ》れていると考えるようになり、動物や鳥などの神をさげすむようになるのです。その結果、怨霊のカモフラージュに利用されるようになったのです。

私は妻に、

「今の私には怨霊か本当の神か、判断がつきかねる。だから、一応、お稲荷様を名乗るモノの声は無視するようにしなさい。」

と、指導しておきました。

六月になって事態は急変しました。

ある夜のことでした。私はけたたましい電話の音で目を覚ましました。

時計に目をやると、午前三時過ぎでした。

私が電話に出ると、その電話は妻の晴美からのものでした。私は事情が呑《の》みこめませんでした。妻の晴美は隣の布団で寝ているはずだからです。

改めて隣の布団を見ると、そこに寝ているはずの晴美がいません。

「お前、こんな時間にどこにいるんだ。」

私は怒りました。

「ごめんなさい。怨霊に騙《だま》されて、今、浅草にいます。」

「一人か？」

「舞子（次女）も一緒《いっしょ》にいるの。」

「何で、いったいどうしたの、何があったの？」

「帰ったら話すわ、今すぐ帰るから。」

それから、一時間半くらいして、晴美と次女の舞子が帰ってきました。

私は妻に問いただしました。

「何があったのか、説明してくれる？」

「騙されたのよ。怨霊に、カルチャーセンターで手芸を教えていただいている先生の所に行けと言われて、先生の事務所に行ったの。先生はいなかったけど。」

「どうやって行ったんだ。」

「タクシーを呼んで行ったの。馬鹿なことをしてすみません。ごめんなさい。許して下さい。

もう、怨霊に騙されないように注意するから。」

夜が明け、朝が来ました。昨夜一晩の睡眠不足で疲れた体を、朝湯に入って、ボーッとして、癒していました。

そこに、妻が顔を出しました。

「昨夜のことを神様に謝《あやま》りに行ってきます。」

妻はすでに白衣に緋《ひ》の袴《はかま》を履《は》いていました。

私は、妻がわざわざ白衣と緋の袴に着替えたのは気持ちを入れ替えるためだろうと思いました。

そして、妻は祈祷殿に一人、向かいました。私も、妻のことが心配で、湯から上がると、すぐに妻のいる祈祷殿に行きました。

勝手口から入り、祈祷殿の広間に行くと、御簾《みす》で仕切られた内陣と呼ばれる所があり、そこにいると思われました。内陣は二十ワットの灯明《とうみょう》が二つあるだけの暗い空間です。

私は御簾の隙間《すきま》から、中をのぞきました。

すると、暗い内陣の中に白衣袴の妻が横たわっていました。

「どうした、大丈夫?」

私が声をかけると、妻は苦しそうに呻《うめ》いています。私は不審に思い、内陣に入り、横たわる妻の肩に手をかけました。

「馬鹿っ、何したんだ！」

私は叫んでいました。妻の左胸にペティナイフが柄《え》のところまで深く刺さっていました。

妻が言いました。

「大丈夫、刺しても死なないと神様が言っていたから。」

私はすぐに救急車を呼びました。妻は自宅から三十分程の距離にある総合病院に搬送《はんそう》されました。

それから、集中治療室に入れられ、四時間程、病院の廊下で待ちました。気が気ではありませんでした。

どうか、晴美の命をお救い下さい――そう祈りました。

ナイフは急所をそれていました。一週間程で傷も癒《い》え、私は医師に呼ばれました。

「術後の経過もあり、もう少し入院の必要があるのですが、一応、自殺未遂ということにもなりますし、奥さんはウツの傾向もあり、心療内科の病棟にお移ししたいのですが、御主人様の御了解を得たいと思いまして。」

「一般病棟では駄目でしょうか?」

「申しわけありませんが、事情が事情ですので。」

私は晴美の心療内科への入院を受け入れざるを得ませんでした。

心療内科の入院病棟は全ての窓に鉄格子《てつごうし》がはまっていました。普通病棟からの入り口のドアは、ベルを押すと看護師さんが中から開けに来てくれるシステムで、帰る時も、中の看護師さんに声をかけて、中から鍵で開けてもらうのです。つまり、中から開ける時も、外から開ける時も、看護師さんの鍵でしか開けられないようになっているのです。

病室は個室と六人部屋の二種類で、重症の危険な患者は個室に入れられ、場合によっては、ベッドについている拘束帯《こうそくたい》と呼ばれる皮製の器具で行動を制限されるようになっていました。

浴室はシャワーのみで、一日おきに交代で入ることになっていました。

また、病室に持ち込むものは、危険な物が入っていないか、全て検査されました。

晴美は、個室に入れられ、拘束帯をつけられましたが、それは一週間程で外されました。

私は仕事の合間をぬって面会に行きました。

場所が場所だけに子供たちは連れて行けませんでした。

二、三時間の面談でしたが、私は妻に。
「お前が神と信じているものの正体は怨霊だよ。決して聞こえてくる声を信じるなよ。」

と、繰《く》り返し言いました。

ある時、妻が妙なことを言いました。

「あなた、浮気《うわき》してるでしょう。○○さんとも、××さんとも、△△さんとも、みんな浮気したでしょう。あの人達の子供は、本当はみんなあなたの子供でしょう。知っているんだから。」

知人の奥さん数人と私が浮気をし、その子供も全て私の子供だと言うのです。

自慢ではありませんが、私はいまだかつて、女遊びも浮気もしたことがありません。女性は妻しか知りませんでした。それなのに……。突然の妻の言葉に私は呆気《あっけ》にとられました。

「お前、何言っているの？　気は確かか？」

「神様がみんな教えてくれる。あなたの浮気のことも……。」

妻が変なことを言い出した理由が分かりました。怨霊が神の名をかたって、妻に偽《いつわ》りの情報を流し続けていたのです。怨霊による洗脳は、人知れず、静かに、深く進行していくのです。

私は懸命《けんめい》に否定しました。しかし、まったく聞き入れてはくれません。

二ヵ月程して、晴美は、精神的にだいぶ落ち着いてきました。もう、私の浮気も、神の声も信じてはいないと言っていました。

それにしても、面会の帰りというものは、淋《さび》しいものがありました。駐車場で車に乗り込む時、病室の方を振り返ると、病室の鉄格子の窓の所で妻が手を振っている。手を振り返して帰る時に後ろ髪を引かれるような思いでした。

やがて、医師からの退院が告げられました。

しかし、定期的通院が条件です。

家に帰ってからの妻の様子は、何かこうフワフワと雲に浮いているようなポーッとした状態でした。精神安定剤の影響かもしれません。

退院を祝って、家族で葉山に旅行をしました。鎌倉に行き、江ノ島へも行きました。しかし、妻は終始、ポーッとしたままでした。

この旅行が最後の家族旅行となりました。

十月十二日夜、私達家族はいつものように、眠りにつきました。

翌十三日、朝八時頃、私はまたも、電話で眼を覚《さ》ましました。電話の相手は妻の母でした。

「宗親さん、晴美は今、ここにいるの。あまりよい状態ではないから、少しの間、うちで預かるわ。承知しておいてね。」

それは、妻の実家からの電話でした。妻の母の話だと、晴美はまた、私の寝ているうちにタクシーで、浅草の手芸の先生の事務所に行ってしまったそうです。その後のことは、本人の記憶にないらしく、何でもハンドバッグも持たずに、裸足で、タクシーで帰ってきたそうです。

とりあえず、本人の精神状態が落ち着くまで、晴美を実家に預《あず》けることにしました。ところが、それから一時間後、妻の実家から、また電話が来ました。

「晴美が大変！　二階の部屋で、宗親さんが浮気していると話していたかと思うと、私には豊川稲荷様が入っていると言って、突然、二階のベランダから庭に飛び降りて、そのまま、走って、どこかに行ってしまったの。今、お父さんが必死で捜《さが》しているけど。」

それから、三十分程して、実家近くの駅前交番から、晴美を保護しているとの連絡が入りました。私は、急いで車で駆《か》けつけました。

交番の中にいた晴美は、心もとない様子《ようす》で、

「宗親さん、ごめんなさい。」

と、言って謝りました。

私は、

「大丈夫、大丈夫、晴美はただ、疲れているだけだよ。」

と、慰《なぐさ》めました。

神社に着くと、私は、晴美をそのまま、祈祷殿《きとうでん》の中に入れようとしました。すると、晴美は突然、私の手を振り切って、参道を裸足で走り出しました。

私は、走って、晴美に追いつき、羽交締《はがいじ》めにして、無理矢理、祈祷殿に入れました。

「お前には今、とても強い怨霊が入っている。しかし、私の力はまだ弱く、力及ばないかもしれない。だが、死力を尽くして、懺悔法を行おうと思う。」

私が晴美を内陣に入れて、懺悔法を行おうとすると、晴美は鬼のような行相《ぎょうそう》で抵抗しました。暴れる晴美を山伏《やまぶし》の使う貝《かい》の緒《お》と呼ばれる縄《なわ》で縛《しば》りました。

「神様、何とぞ晴美をお救い下さい。」

私は、神に祈ると、必死に懺悔法を行いました。自分の力の及ぶ限り、晴美に入っている怨霊を抜き続けました。携帯で子供を呼び、菓子パンとジュースを買ってこさせ、それを頬《ほお》張《ば》りながら、夜十時頃まで籠《こ》もり続けました。すると、晴美は少し落ち着いてきました。私は力の限界を感じ、晴美を自宅に連れ戻りました。しかし、決して安心できるような状態ではありませんでした。

その夜、晴美は、ベッドの上に上体を起こしたまま、ボーっと一点を見据え、私は、部屋のドアの内側に陣取り、勝手に部屋を抜け出せないようにしてゴロ寝をしました。

朝四時頃、私は晴美に起こされました。トイレに行きたいと言うのです。晴美は、トイレに行き、出てくると、台所に行って、水を飲んでいました。その様子があまりにも長いので、不審に思って、私が台所に行くと、晴美は睡眠薬を口の中に頬張っていました。

「何しているんだ。」

そう言って私が、晴美の口を開けようとすると、晴美は私の指を思いっきり噛《か》みました。

「晴美しっかりしてくれ、怨霊に負けるな！」

私がそう言うと、晴美は我に帰ったように睡眠薬を吐《は》き出しました。

しかし、胃の中にはすでに何錠もの睡眠薬が入ってしまっていました。

晴美は黙って、電話の受話器を取ると、自分で救急車を呼びました。

晴美は三十分程離れた所にある、晴美が入院していた総合病院に搬送され、胃洗浄を受けました。晴美の担当医だった心療内科の医師も駆けつけてくれました。

「御主人、私は奥様に、再度の入院の必要があると思いますが……。」

その医師の言葉を、私はまだ治療室のベッドに横たわったままの晴美に伝えました。

晴美は、

「ちょっと来て。」

と言って、私を、トイレの中に連れて行きました。

「私はもう、本当に大丈夫だから、絶対入院させないで。子供達も、あなたもいるし、入院はイヤ！」

「しかし、先生があぁ言っているんだから、入院したほうがよいよ。また、すぐ、よくなったら退院すればいいんだから。」

「絶対イヤ、入院はイヤ、通院にして！」

しばらく押し問答していましたが、私は、晴美が自分で救急車を呼べたのだから、大丈夫かもしれないと思い、致《いた》し方なく、入院させるのを諦《あきら》めました。

私は晴美を連れて、家に向かいました。

「どこかで食事していこうか。」

「早く家に帰って、ゆっくりしたい。」

「分かった。」

私は晴美に従い、そのまま、家に帰りました。

子供達は学校を休ませ、留守番をさせていました。私は子供の食事のこともあって、家族分の弁当を買おうと、出かけることにしました。長女には、

「お母さんに何かあるといけないから、絶対目を離すなよ。」

そう、言い残して、近くの弁当屋に行きました。弁当屋で弁当を買って、スーパーで晴美に中トロの刺身を一パック買おうと、レジに並んでいた時でした。

携帯が鳴って、出ると、次女の舞子でした。

「お父さん、お母さんがおかしい、早く帰って来て！」

私は刺身をあきらめて、慌《あわ》てて家に引き返しました。

家に着くと、子供達が玄関の所で、心配そうに待っていました。

舞子が、

「お母さん、トイレの中で様子がおかしい！」

その声を背中で聞きながら、私はトイレに走りました。中から鍵がかかっているのを外から外して、ドアを開けました。

ドアを開けたとたん、私は立ちつくしました。晴美は、洋式便座の上に仰《あお》向《む》けに倒れて、

その胸には、ペティナイフが深々と突き立っていました。

すでに瞳孔《どうこう》は開いたままの状態でした。

子供達に事情を聞くと、長女は、洗顔料を買いに、近くのコンビニにやらされていました。

次女と息子は、二階で勉強をしなさいと遠ざけられていました。しかし、一階の様子を窺《うかが》っていた次女が、異変に気づき、私に連絡してきたのでした。

私は救急車を呼びました。それから間もなく、救急隊が来て、警察も来ました。

私は警察の方から事情を聞かれましたが、その途中、思わぬことが起こりました。今まで私には霊媒能力、つまり、死者の魂を入れて、自分の口を使って話をさせることができませんでした。ところが、この時、突然、晴美の霊が私に入って、私の肉体を使って、号泣したのです。

「宗親さん、ごめんなさい！　怨霊に意識を支配されて、どうにもならなかったの。自分の中で自分が小っちゃくなっちゃったの。病院で入院したくないと言ったのは、私じゃなかったの。本当は、「入院させて！」と叫びたかったのに、怨霊に邪魔されて言えなかったの。」

私は、妻を愛するがゆえに、妻の言葉に逆らってまでも、入院させることができませんでした。私は晴美の人格を支配する怨霊に騙されて、晴美の真実の声を聞いてやることができなかったのです。私の非力がもたらした晴美の死でした。

晴美の体は、救命救急センターに運ばれましたが、間もなく死亡が確認されました。平成十四年十月十四日、享年三十七歳の若さでした。晴美とは、晴美がまだ十九歳の頃に知り合い、やがて結婚し、一男二女をもうけました。

晴美の遺体は、病院から警察署に移され、検視を受けました。

この日から、私は霊媒体質になり、毎日、晴美の霊を体に入れさせてやり、子供達とも話をさせてやりました。

お陰で子供たちは、涙を流すことなく、気丈《きじょう》にも悲しみに絶えることができました。

弔問《ちょうもん》に訪れた晴美の知人友人に、晴美は私に入って対応しました。私のまったく知らないこと、たとえば晴美が友人と、どこに旅行に行ったことがあったとか、晴美にしか知り得ないことをペラペラと、私の口を借りて喋《しゃべ》りました。弔問に来た、晴美の友人達は、皆、驚きました。葬儀《そうぎ》の遺影の写真も晴美が自分で決めました。

葬儀の次の日、母に勧《すす》められて、子供たちを連れて旅行に行くことにしました。晴美の霊にどこに行きたいか尋ねると、軽井沢に行きたいと答えました。私は、伊香保《いかほ》一泊、軽井沢一泊の家族旅行を計画しました。

その時、晴美の霊が言いました。

「軽井沢に行ったら、必ず白糸の滝に行ってね。そこで、私も写真に入るから。」

私は晴美に言われたとおり、白糸の滝に行き、家族写真を撮《と》りました。

旅行から帰って、半信半疑で、写真屋にフィルムを持って行きました。

現像されてきた白糸の滝の写真を見て、私も子供も驚きました。確かに私と子供の脇に晴美の姿が写り込んでいたのです。

軽井沢から帰って、二日おいて、また、旅行に行くことにしました。何と無謀《むぼう》なことと笑われるかもしれませんが、家にいたくなかったのです。子供達を連れて、岐阜の長良川《ながらがわ》温泉に行き、犬山城、岐阜城、名古屋城、彦根城を見せてやるつもりでした。（私はお城がすきなもので）

旅行の前日、警視庁の遺失物センターから電話がありました。晴美が死の前日、タクシーで手芸の先生の事務所に行った帰り、電車の中に置き忘れたらしい靴《くつ》と鞄《かばん》を保管しているということでした。センターの保管場所は、確か、飯田橋だったと思います。次の日、私は子供達と電車で旅行に出かけました。行きに、飯田橋の遺失物センターに寄って、妻が持っていた赤い大きな鞄《かばん》と赤いハイヒールの靴《くつ》を受け取りました。

妻は電車の中でおかしくなって、鞄と靴を放り出して、タクシーで実家に帰ったのでしょう。私と子供達は晴美の残した鞄と靴を持って旅行をすることにしました。

旅行から帰っても私は、霊能の仕事を再開することができませんでした。自分の非力、また、妻を助けられなかった思いが、いっそのこと、この懺悔法を捨ててしまおうかとさえ思わせていたのです。

毎日のように、お客様から電話が入りました。

「先生、助けてください。」

「私は、もしかすると、この仕事をやめることになるかもしれません。」

「先生、他に、この御祈祷をやっているところがあったら教えてください。」

「他にはないと思います。」

こんな会話が毎日のように繰り返されました。

晴美が亡くなって半月くらいたった頃に、次女の舞子を伴って、近くの書店に行きました。この時、何気なく、書店の中を歩いていると、ワンテーマブックスの新刊で、『空海』というのが置いてありました。

パラパラとページをめくっていると、

「虚空《こくう》尽き　衆生《しゅじょう》尽き　涅槃《ねはん》尽きなば　我が願いも尽きなん」

という、今までも何度となく目にしてきた弘法大師様の有名な言葉が載《の》っていました。

この世の全てが消失してしまうまで、人々を救済し続けることができるのであれば、私の願いも終わる時が来るでしょう。

そんな意味の言葉です。この言葉は私の心にグサリと突き刺さりました。

止めるわけにはいかない――そう思いました。この世に苦しむ人がいる限り、懺悔法を求める人がいる限り、続けていこうと思いました。そうしなければ、お大師様に笑われますから。

第五章

懺悔法による病気平癒の実例

◉——精神疾患について

秋田県在住の三十歳になる斉藤洋子（仮名）さんは数年前から人格に異常をきたし、心療内科に通院、現在では統合失調症のため自宅で包丁《ほうちょう》を振り回し、病院に入院されています。秋田県のある神社の宮司さんから、私どもに連絡が入りました。「北條先生、私どものお客様で斉藤洋子さんという方が統合失調症になり、家族の方も困っています。御祈祷《ごきとう》で何とかならないものでしょうか。」

私が神仏にお尋ねすると、六回行けば何とかなると言われ、その旨《むね》を宮司さんに伝えました。

宮司さんが斉藤さんのご両親に相談すると、ぜひとも御祈祷を受けたいとのことで、私は一年間のうちに六回の出張予定を決めさせていただきました。

某日《ぼうじつ》、私は新幹線に乗り、秋田へ向かいました。冬のことでしたが、途中、在来線に乗り換えると、車窓の外は真っ白な雪景色でした。

駅に着くと私をお呼びいただいた宮司さんが待っていて下さいました。私は、簡単な挨拶《あいさつ》を交《か》わすと、宮司さんの車に乗り、宮司さんの御奉仕している神社へ向かいました。

社務所に着くと、まだ、斉藤さん一行はおいでではありませんでした。院長先生から外出許可をいただき、斉藤洋子さん本人とご両親の三人で一緒《いっしょ》に来るという話でした。斉藤洋子さんは五年前に県内のある男性と結婚、一児をもうけましたが、今は治療のため実家に近い病院に入院され、お子さんは、実家の御両親が面倒をみられているとのことでした。

三十分程、宮司さんに経過をお尋《たず》ねしているうちに、境内《けいだい》に一台の車が入ってきました。

モウロウとした眼をした斉藤洋子さんらしき女性が、御両親に付き添われて、社務所に入ってきました。あらかじめ、社務所の中には祭壇がしつらえられていて、私はその前で挨拶を交わすと、祭壇に向かって座る私の背後に三人にお座りいただき、早速、御祈祷を始めました。

御祈祷を始めてから、三十分程経った頃のことだったでしょうか。洋子さんが突然立ち上がると、私につかみかかってきました。すぐに、御両親が押さえ付けて引き戻しました。それから、洋子さんはわけの分からないことを吐《は》いて暴れました。

それからも怨霊はのらりくらりといい加減なことを言って正体を見せません。

秋田に着いた日二時間、次の日二時間、こんな調子で御祈祷が続きました。

私は、ほんの少しの腕力があるので、何とか怨霊の抵抗を退けられましたが、本当に霊能力者という仕事も力仕事、体を張って頑張《がんば》らねば勤《つと》まりません。

それから、さらに五回、秋田に通いました。最後の秋田出張の二日目に、ようやく怨霊が正体を表しました。

「俺《おれ》はこいつの先祖によって殺されたんだ。だから、殺してやろうと思ったんだ。」

怨霊はそう叫ぶと、神仏に従うことを約束し、祈祷を終えました。

半月程経って連絡したところ、洋子さんは病院を退院し、リハビリを受けているということでした。

ただ、心配なのは、継続祈祷の必要を申し上げて、帰ってきたのですが、その後の連絡がないとのことです。

その後の祈祷依頼を受けていないので、また、悪化していなければと心配ですが、相談者の方の中には因縁浄化が完全に終わっていないにもかかわらず、少し安定すると、御祈祷に来なくなる方がいらっしゃいます。そして、忘れた頃に、再び、ひどい状態になって、やって来られたりします。できれば、完全に浄化するまでは通われた方がよいのですが。

ともかく、統合失調症が、一年で退院できたということは、この懺悔法の賜物《たまもの》と言ってもよいのではないでしょうか。

統合失調症は、その全てではありませんが、その方の中に、強い怨念を持った怨霊が多数いて、その方の人格を支配してしまうために起こるものもあります。自分の中で、自分が小さくなってしまうものです。この時には、根気よく、一体一体、怨霊の人格を抜いていくしかありません。

現在、日本では、潜在的なものを含めると、五人に一人がウツ病と言われています。その中の多くは怨霊の影響によるものです。

他にも、自殺や幼児虐待、ガン、不妊症、引きこもり、少年の非行、少年による殺人など、怨霊の影響を否定できないのです。

◉——喘息について

平成十九年十二月二十五日の年の瀬も迫った日に、福岡県在住の小川（仮名）さんの依頼で御祈祷を行いました。

小川さんは五十六歳の男性の方で、日に三回、喘息《ぜんそく》の発作が起こっていました。精密検査の結果、副腎皮質《ふくじんひしつ》ホルモンがまったく分泌しておりませんでした。アメリカ帰りの名医に診察していただいたそうですが、治らないと申し渡され、毎日、副腎皮質ホルモンを六錠服用して自宅療養しておりましたが、薬の副作用で指先に痛みがあり、仕事もできませんでした。御祈祷は二時間行いました。その結果、どのような変化が起こったかと申しますと、三回あった発作《ほっさ》が一回に減りました。副腎皮質ホルモンの服用は六錠から三錠に減りました。

年が明けて、平成二十年一月下旬、再び、二時間の御祈祷を行いました。その結果、今度は、発作はなくなり、副腎皮質ホルモンを毎日交互に一錠、半錠、一錠と服用するようになり、この時点で、医師より八十五パーセント治癒したと告げられました。

この後は、弟子に指示して、八時間程度で完治し、精密検査の結果、副腎皮質ホルモンも正常に分泌するようになりました。

◉――子宮ガンについて

平成十八年二月、今川（仮名）さんは五人目の子供を妊娠《にんしん》しました。しかし、同時に血液検査の結果、子宮ガンが発見されました。腫瘍《しゅよう》マーカーが七・五を示しました。

私が二時間の祈祷後、腫瘍マーカーは六・五に低下しました。

翌月、さらに二時間の祈祷後、腫瘍マーカーが六・一に低下、その後は、出産後まで検査ができず、出産後の検査では、ついに腫瘍マーカーがゼロになりました。現在非常に元気で毎日を過ごしています。

ガンは主に体の中の強い怨霊《おんりょう》が憑依《ひょうい》している箇所《かしょ》に発生します。だいたい、怨念を鎮めるのに二時間以上かかるような怨霊が体の中の一ヵ所に二体以上憑依するか、一体で四時間以上かかる怨霊が憑依するとガンが発生しやすくなります。

そこで、私はある仮説を立てました。つまり、ガンを起こすのが怨霊であるとしたならば、体の中の怨念を鎮《しず》め、怨霊を浄化すれば、ガンを肥大化させるエネルギーの補給路を断ち、ガン細胞の弱体化が可能ではないかと。

現在、この仮説を検証すべく、実際にガン患者の方に、この懺悔法を行っております。

そして、結果的にガンの数値を低下させる効果を得ています。

まだ、仮説を立証できる程の数の検証結果を得ていませんが、いずれ、何らかの結論が出せたらと思っています。

◉——スティーブンス・ジョンソン症候群について

平成二十年六月、沖縄在住の金城（仮名）さんからの依頼を受けました。

病名は、スティーブンス・ジョンソン症候群という、私などでは一回では憶《おぼ》えきれないような難しい病名でした。症状は、三十八度の高熱が続き、全身が赤くただれてしまうという難病で、死亡率も十パーセント近くあるとされています。

私は八時間、御祈祷をしました。

その結果、金城さんの病気は完治し、退院しました。退院の時に報告を受けましたが、主治医の方が「奇跡だ！」と、驚いていたそうです。

◉——幻聴について

これは、私の弟子林大雅からの報告です。

平成十八年十一月、市内の神社の神主さんからの依頼を受けました。

男性のお客様ですが、常に、耳元で誰かが囁《ささや》いている声が聞こえるので、病院へ行ったが治らず、神社でお祓《はら》いをしても解決の方向は見当たらないので何とかしてほしいということでした。

どうやら幻聴のようです。怨霊の影響を疑いました。

早速、まず現在の生活を詳《くわ》しくお尋《たず》ねしました。

せっかく、祈祷を行っても、一方で現世因縁とも言うべきカルマを積んでいては何にもならないからです。

その男性は、夜のホストをして生計を立てているとのことでした。やはり、夜の不規則な生活と食生活はいただけませんので少しずつですが改めるようにお話いたしました。

そこで、北條先生に電話をしました。

「この方、強烈な怨霊が後頭部に入っていますから、私の方でレベルダウンします。その後は約二時間あなたの方で、祈祷を行ってください。日を変えて三回程で治るかと思います。」

「分かりました。」

私は先生のレベルダウンの祈祷の後に、懺悔法を約二時間行いました。終了の後に深々とお礼をされて終わりました。その後、二回行った結果、幻聴とも言うべき声は少しずつ消えていったそうです。

このように、現在は遠隔等の事情で直接神社に来れない方は、弟子から直接電話をもらい、弟子が祈祷によって怨念を燃焼できるレベルまでレベルダウンして、後は指示をして弟子に祈祷してもらっています。

この唯一《ゆいいつ》の因縁浄化法とも言うべき懺悔法を結果未了で終わらせないためです。

◉——読者からの反響

私は今までに、『神道祈祷学教本（初伝・中伝・奥伝）』『祈祷と霊能』を発行しました。その読者の方から、大変興味深いお手紙をいただきましたのでここに掲載をしたいと思います。

※

先日は、神田の書店にて北條宮司様の書籍、『祈祷と霊能』と出会い、夢中で何度も読み返し、感激し、筆を取らせていただきました。私は、渡辺真観（仮名）と申す、真言宗の行者です。日々護摩《ごま》祈祷をしていますが、特に先祖供養すると、また、重ねて供養すると悪しきことが起こったり、その家に諸々《もろもろ》の現象が信者さんに起こったり、何か異変を感じておりました。

今年、私財を投じて困っている人を助けるために、本堂を兼ねた護摩堂を建立し、いろいろなことに対して対応してきたのですが、自分の求めているものに当たらない気がしていたのです。しかし、この本を拝読させていただいて、私が常々考えていたことと同じで、明確に私の疑問に答えを下さり、うれしくて、うれしくて、感激したのです。

行者の心、神仏を信じる心、プラスとマイナスの波動、病気の原因、家系の因縁……等。先祖供養は一般にもよく言われていますが、なるほど先祖が他者に与えた、苦しみや憎しみその他いろいろなことには目を向けることなく、気づきもしませんでした。

私は、師より教えていただいたことだけで毎日修行していましたが、このような行法のあることを知り、すばらしいと日々思うようになりました。そこで、一度、北條宮司様にお会いしたいと考えております。よろしければ、私に伝授していただけないでしょうか。

ご都合のよい日時に、神社の方に出向いてまいります。どうぞよろしくお願い申し上げます。

合掌

第六章

神

◉——神について

世界には、いろいろな宗教があります。そして、さまざまな神がいらっしゃいます。その中で、最も優れた神は、どの宗教の神だと思いますか？　キリスト教の神でしょうか？イスラム教の神でしょうか？　仏教の神（仏）でしょうか？　神道の神でしょうか？

答えは全ての神です。全ての宗教（おかしな新興宗教等は除きます）の神は等しく尊いのです。キリスト教の神も仏教の神（仏）も、実は同じ存在なのです。

多くの宗教は太陽を神として祀《まつ》ります。では、ここで質問です。太陽はいったい、いくつあるのでしょうか？　小学生の子供でも分かる質問です。そうです。一つです。つまり、一つしかない太陽を、それぞれの宗教が、違う名前をつけて、呼んでいるだけのことなのです。

宗教の違いは、同じ神に対する呼び方の違いに過ぎないのです。

一つの大きな山の四方に四つの国があったとします。北の国ではその山のことを「○○山」と呼び、東の国では「△△山」、南の国では「××岳」、西の国では「□□峰」と呼んでいます。同じ山でも、それぞれの国から見た山の形は違います。呼び方も違います。宗教の違いなんてものは、そういうものなのです。

ですから、宗教と宗教が争う程、愚《おろ》かなことはありません。そして、そのために、尊い人の命が奪われることも、決してあってはならないことなのです。神の名のもとには、たとえ、一滴たりとも血が流されてはなりません。

神界、霊界に宗教がないのをご存知でしょうか。神界、霊界は本来は無宗教なのです。どこの宗教にも所属していないのです。

キリスト教の神界、仏教の神界、神道の神界が分かれて存在しているわけではないのです。神界は一つしかありません。その一つしかない神界が全ての宗教の神界を兼ねているのです。宗教の相違は人間界においてのみ、存在しているのです。

時に、写真などに、お不動様や観音様、イエス様や、マリア様のお姿が映り込むことがあります。しかし、これをして、神と神に相違があるとしたら早計です。神には形はないのです。神の本体は、形のないまばゆいばかりの光です。ただ、それでは、一般の人間には神だと理解しにくいので、神が必要あって姿を示す時には、仮《かり》にそれぞれの宗教の神の姿となって現れるのです。

また、一口に神様と言っても、二種類の神様があります。一つは絶対的な力をもつ絶対神としての神で、もう一つは精霊つまり高級霊としての神です。

真言密教《しんごんみっきょう》で言えば、大日如来《だいにちにょらい》様が絶対神としての神、その他の多くの如来・菩薩《ぼさつ》・天部《てんぶ》の神々が高級霊としての神です。

神道で言えば、天照大御神《あまてらすおおみかみ》様が絶対神としての神、その他の神々が高級霊としての神です。

キリスト教で言えば、いわゆる神が絶対神としての神、キリスト、大天使ミカエル等の天使が高級霊としての神です。

ここで言うところの絶対神とは宇宙そのものの意識としての神です。その下に多くの高級霊としての神がいて、この地球上の自然や生命を精霊として支配しているのです。

その精霊としての神が、人間の胎内《たいない》に宿って、人間として生まれてくることがあります。表面的には人間の夫婦間に生まれた子ということになりますが、霊的には処女受胎《しょじょじゅたい》なのです。

そして、人間として生まれてきた彼らの中から預言者と呼ばれる人間が現れるのです。

◉——運・不運と幸・不幸について

人の一生は偶発的な運・不運と、人間の心と体の影響によって生じる幸・不幸とによって形成されています。

運・不運は、怨霊《おんりょう》が関与することのない偶発的なもので、人間の前世から現世までの生き方の結果として、神から与えられるものです。運とは、たとえば、宝くじにあたる、飛行機事故で奇跡的に助かるなどです。不運は、天災地変で命を落とすなどです。

幸・不幸は、怨霊の関与の有無、軽重によって起こるもので、家系因縁《いんねん》の結果です。幸は長寿・健康などです。不幸は病気、怪我《けが》などです。

事故には、怨霊の関与のない、偶発的な、神から与えられた不運としての事故と、前頭部に怨霊が憑依して、頭がボーッとして起こる不幸としての事故があります。

そして、不幸は懺悔法によって消え、不運は生き方の改善によってなくなります。

◉——神仏と教育について

なんで、こんなにも、自分のことしか考えられない身勝手な大人、親が多い社会になってしまったのでしょう。こんなことを言うと、何だか年寄り臭いと人に言われそうですが。

しかし、それにしても、倫理観の低下。公共の場で子供が騒いでいても叱《しか》らない親、他人が叱ると、叱った他人を逆怨みする親、おかしいと思いませんか?

これは、教育のあり方に問題があるのではないでしょうか。

教育の場に神仏が不在なのがいけないと思います。

よく、お母さんがお子さんに言っていますね。

「そんなことをすると、先生に叱られますよ。」

「悪いことをすると、おまわりさんに見つかったら大変ですよ。」

私は子供の頃、

「嘘《うそ》をつくと、閻魔《えんま》様に舌《した》を抜かれるぞ。」

と言われたのを憶えています。昔は、お彼岸などに寺へ行くと、「六道絵《ろくどうえ》」と呼ばれる地獄絵図《じごくえず》が掲《かか》げてあって、和尚《おしょう》さんが言ったものです。

「悪いことをした者は、こうして地獄に落とされて、報いを受けねばならないんだぞ。」

今と昔の、この違いは何なのでしょうか。何をもたらすのでしょうか。

先生に叱られる、おまわりさんに見つかるというのは、相手が人間なのです。そうすると、先生に見つからなければよい、おまわりさんに見つからなければよいということになってしまうのです。

昔の教育において、裁《さば》くのは神仏です。誰も見ていなくても、神仏が人の行いを見ていて、裁くというのが昔の教育なのです。

私は、現代日本の倫理観の低下の原因はここにあると思っています。神仏が裁くか、人が裁くかの違いです。

将来の日本のためにも、教育の現場に、再び神仏の力をお借りすることが最良の選択であると私は信じています。

神仏への畏怖《いふ》。現代人はその心を失ってしまった。恐れを知る心、その心が私達には必要なのではないでしょうか。

◉――世界はなぜ一つになれないのか

世界が一つになれば平和になるのに――と、言われたことがあります。

しかし、そもそも、なぜ、世界にはいくつもの人種があり、多くの民族があり、また、多くの言語や宗教があるのでしょう。考えてみて下さい。それが、神の御意思によるものだということを。でなければ、わざわざ、皮膚の色の違う人種を神が造られるでしょうか。

世界を一つにする必要はないのです。考え方も宗教も違うこの世界を無理に一つにしようとすれば、いたずらに争いを起こすだけのことです。

神は私達をためしているのです。

・あなたは違う人種の相手を受け入れられますか？
・あなたは違う民族の相手を受け入れられますか？
・あなたは違う国の相手を受け入れられますか？
・あなたは違う宗教の相手を受け入れられますか？
・あなたは違う肌の色の相手を受け入れられますか？

神は、私達に問うているのです。

考え方も、宗教も違う相手を、あるがままに受け入れることがあなたはできますかと。

◉――困ったときの神だのみ

私の所には、不幸に困り果てて多くの方が訪ねて来られます。普段は、神仏に手を合わせることもないような方も、中にはいらっしゃいます。そのような方でも、御祈祷して効果があるのでしょうか。

たとえ、そのような方でも、普段、自分のことと同じように他人の幸福を願い、不幸を憂えるような生き方をしていれば、神はその人間を救います。大切なことは、普段、神仏に手を合わせているか否かではなく、どう生きてきたかなのです。逆に、普段、神仏に手を合わせていても、自分さえよければよいというような生き方の人間を、神仏は救いません。

大切なのは、自分の普段の生き方なのです。他人を大切にする生き方、必要以上に欲をかかず、不倫をせず、威張《いば》らず、無益な殺生《せっしょう》もせず、そういう生き方をしていれば、神仏はあなたを救うのです。

御祈祷をしようとして、神仏から拒否されることがあります。相談者の方を霊視しようとしても霊視できなくなり、相談者の方の中の怨霊の怨念を燃焼しようとしても、怨霊と波動を合わせてもらえなくなったりします。

私が、私の指導霊の方にお尋ねすると、生き方が悪いから助けられないと断られてしまうのです。

土壇場《どたんば》、自分を救うのは自分の生き方だということです。

◉——神仏は人をためされる

人間は一生に数度、人生の転機にあたって、神仏にためされることがあります。右か左かを選ばされるのです。その時に、正しい判断、正しい選択ができるか否かは、その人の心によります。つまり。神仏は人の心をためすのです。

今から十五年程前、こんなことがありました。ある日曜日の午後、予約なしで、一組の初《はつ》宮参《みやまい》りのお客様がありました。御祈祷を終えた時、そのお客様は、お財布《さいふ》から紙幣《しへい》を五枚取り出して、その場で用意してあったのし袋に入れられ、私にそれをお渡しになられました。薄暗い社殿の中ですから、紙幣の種類は分かりません。初宮参りの祈祷料の定めは五千円でしたので、当然五千円と思い、受け取らせていただきました。その日の仕事を終えて、お客様からいただいたのし袋を一つ一つ開封いたしました。すると、その初宮参りのお客様ののし袋には一万円札が五枚、五万円も入っていたのです。私は驚きました。初宮参りで五万円もいただいたことは今までに一度もありません。どうしようかと思いました。ある方に相談すると、「五万円包んだのは、その気持ちがあって包んだのだから、そのままありがたく頂《ちょう》戴《だい》しておけばよいのではないか」と言われました。しかし、納得できません。もし、お客様の間違いであれば、お客様はきっとお困りになっているはずだからです。連絡して確認したいと思い、祈祷申し込み用紙にあった御名前と御住所を頼りに、電話帳で、電話番号を調べました。ところが、お客様の都合で、電話番号が登録されておりませんでした。そこで、仕方なく、御住所を頼りに、車で、ご自宅を捜《さが》しました。すると、神社から十分足らずの距離にある、2DKのアパートでした。玄関のベルを鳴らしましたが、応答がありません。留守《るす》でした。私は持っていた手帳を一ページ裂《さ》いて、メモを残して帰ってまいりました。

その夜、そのお客様から電話をいただきました。やはり、包み間違いでした。その次の日、五万円のうち四万円を取りにみえられました。

お金をお客様にお返しするまでの間に、何度も、あきらめる機会があったわけです。しかし、私はあきらめませんでした。その後、私は非常に幸運に恵まれ、祈祷学のよき師にも出会い、自身の因縁も浄化でき、若年《じゃくねん》ながら、祈祷学教本を三冊も出版できました。もし、私があの時、途中であきらめていたら、私のその後の運命も違っていたと思います。私は若い頃から自らの寿命を知っていました。祖父は脳内出血で四十代で亡くなっていますし、私自身、高校生の頃から、後頭部の頭痛に悩まされ続けてきました。私の寿命は若くして終わることになっていたのです。しかし、今、私に頭痛はありません。あの時、途中であきらめていたら、よき師にも、因縁浄化の法にも出会えず、夭折《ようせつ》していたことでしょう。

人が神仏にためされた時、自分の欲に従えば道を失います。その時がいつきても正しい結果を得られるようにするためには、常に自らの心を浄化し続ける必要があるのです。

【エピソード3】〜霊能力者に入り込んだ怨霊――破門事件〜

私どもの所には霊能力者を志望する若者がやってまいりますが、お弟子さんを育てさせていただいていて、思うことがあります。

それは、優《やさ》しすぎるということです。人の役に立ちたい、人を救いたいという思いで皆さん来られているわけですから、優しいのも頷《うなず》けるのですが。優しいだけでは霊能力者にはなれないのです。優しいのもけっこう、慈悲深いのもけっこう、しかし、それに加えて、強さ、厳《きび》しさ、山のように揺れ動くことのない心がなければ、優しさが弱さ、もろさになってしまうのです。

破邪顕正《はじゃけんしょう》（邪な者を破り、正しいことを貫く）の強さと、情に流されない強さを持ってもらいたいのです。

情に流されると、正しい判断ができなくなります。常に冷静に考えられるようにするためには、非情にならなければいけません。怨霊は時に霊能力者の優しさを逆手にとって、霊能力者を惑《まど》わし、少しでも時間かせぎをしようとし、あわよくば、怨霊のペースに巻き込もうとしてきます。

私は以前、怨霊の洗脳にあって、危険な神懸《かみがか》り状態に陥《おちい》った女性のお弟子さんを周囲への悪影響を考えて、破門にしたことがあります。

そのお弟子さんは、自分の守護霊をあの有名な霊能力者だった宜保《ぎぼ》愛子さんだと信じていました。そして、宜保愛子さんと名乗る霊をそのまま信じて、宜保愛子さんの好物や家族構成等を口にしておりました。

私は、それを黙って聞いていました。彼女は、その時、私どもの所にいたお弟子さんの中では一番の古株で、後輩にも慕《したわ》われて人気もありました。

私は、初心者には手取り足取り教えますが、あるレベル以上に達したお弟子さんには、冷たいです。何も言いません。いつまでも私が親切にアドバイスをしていては本人のためにならないのです。それでは、人は育ちません。まして、時に命の危険さえもあり得る霊能力者にとって、いつまでも判断能力が培《つちか》われることがないようでは困ります。失敗し、痛い目にあってこそ、人は育つのです。もしも、失敗し、痛い目にあって、例えば、神や守護霊の名を騙《かた》る怨霊の洗脳にあって、自分でそのことに気づくことができなければ、霊能力者生命を断たれても、致《いた》し方ないと思っています。

冷酷で非情と思われるかもしれませんが、他人の運命、生命にかかわる職業でもある以上、この厳しさは避けられません。

私は思いました。彼女は、宜保愛子さんを名乗る霊からもたらされた、宜保愛子さんの個人情報のウラをとったのだろうか？　もし、事実との相違があれば、それは本当の宜保愛子さんの霊ではなく、ニセ者、彼女の中にいる怨霊が、その正体ということになります。

怨霊に対して、大切なことは「審神《さにわ》」と呼ばれる行為、および役目です。

「審神」とは、降霊《こうれい》した霊が本当に降霊しようとした霊に間違いないかどうか、怨霊などの霊が騙っていないかどうかを判断する行為、またこの行為を行う役目の者を指します。

五分前に降霊した霊が本物だとしても、今、降霊した霊が本物とは限らない――それが霊能の世界の恐ろしさです。

彼女は、「審神」の能力の有無を神にためされたのです。いわば、神様のテストを受けさせられたのです。

ある時、彼女は、多勢お弟子さんのいる時に、私にこう言いました。「私の中にいる宜保愛子さんが、先生は間違っていると、おっしゃっています。」

私が欲深く、生き方がズレていると言うのです。彼女は数人の仲のよいお弟子さんとともに、私に迫りました。

私は私に対する批判を否定しました。すると、彼女に入っている宜保愛子さんを名乗る霊が、彼女を霊媒として、彼女の口を使って私に言いました。

「あなたは欲が深く、生き方がズレています。これからは、彼女の意見を聞いて、やっていきなさい！」

「あなたが、本物の宜保愛子さんの霊ではないことを証明してみせましょう。」

私は、そう言うと、印を組み、御真言《ごしんごん》を唱《とな》えました。

「ノウマク　サンマンダ

バアザラダア　センダン　マアカロシャダヤ

ソワタヤ　ウンタラタ　カンマン」

すると、彼女に入っていた宜保愛子さんを名乗る霊が急に苦しみ始めました。

「本物の宜保愛子さんの霊なら、なぜ、御真言によって苦しむのですか？　邪《よこしま》な霊でなければ苦しむはずがないのですが。」

私がそう言うと、彼女の中の宜保愛子さんを名乗る霊はすぐに消え、次にまた違う霊が彼女の口を借りて言いました。

「お黙りなさい！　私はあなたの先祖の霊です。私の言葉に従いなさい！」

「おまえが本当に私の先祖だと言うなら、私の祖父が神職の他にしていた仕事は何だ！答えてみろ！」

「私はもっと古い先祖だから分からない。」

霊はそう答えました。新しい霊が古い時代のことが分からないというのならまだ分かるのですが、なぜ、古い霊が新しい時代のことを知らないのでしょう。全て、見聞きしていたはずなんですが。

重ねて尋《たず》ねました。

「古い時代のことなら分かるんだな。」

「ああ、分かる。」

「じゃあ、室町時代の初期、私の先祖はどこにいたか？」

「この地にいた。」

「違う！　私の先祖は河内の国、つまり大阪府にいた。私の先祖なら、なぜ、私の先祖のことを尋ねて、答えられないんだ！」

すると、またしても、私の先祖を名乗る霊は消えて、他の霊が言いました。

「わしは、この神社の神じゃ。なぜ、おぬしは、そうわけが分からんのだ！」

わけが分からないのは、どっちでしょう？

「お前は神ではない。その正体は、彼女の中にいる彼女の家系にまつわる怨霊だ、真実の神なら、多勢のお弟子さんの前で、師匠を吊《つる》し上げるような人の道に外れたことをさせない。逆にそのようなことをすれば、たしなめるものだ。正しい霊、正しい神は、決して人の道を踏み外させるようなことを言わないものだ。」

これで、彼女の中にいた神も消え、彼女は正気に戻りました。

しかし、正気に戻ったからと言って、何にも解決はしていません。彼女の人格の表面に出ていた霊が、奥に引っ込んだに過ぎません。

そして、正気に戻っても、彼女が、自分の中の宜保愛子さんを名乗る霊や神を本物だと信じ続ける限り、何の解決にもなっていないのです。

ここで種明かしをしておきましょう。実は、彼女に入った、宜保愛子さんを名乗った霊も、私の先祖を名乗った霊も、神を名乗った霊も、実は同一の霊が一人三役を演じたのです。

誰が見ても異常と気づく怨霊の憑依現象の方がまだマシなのです。暴れたり、泣いたり、喚《わめ》いたりの方が、皆、異常だと分かりますから。しかし、今回のように、霊と交信できるような霊能力者に入っている怨霊が神や守護霊を騙って霊能力者をだまし、洗脳していく時は、時間をかけ、静かに、深く、侵攻していきます。周囲が何を言っても聞き入れません。自分で「おかしい」と気づくしかありません。

私は一週間程、彼女の様子を見た上で、周囲への悪影響を恐れ、彼女を破門にせざるを得ませんでした。

この時、彼女と親しくなり過ぎていた数人のお弟子さんも一緒に退会しました。情に流された結果でした。冷静さを失い、私の「審神」を目前にしても、私情に負けてしまったのでした。実はこの「破門事件」の三ヵ月前に、私と他の二人のお弟子さんのいる時に、神様から、これから、残るべきお弟子さんと去るべきお弟子さんをふるいにかけるとの言葉が私に入っていたのです。そのとおりになりました。

霊能力者の修行は、エベレストの山頂に挑《いど》むようなものです。山頂まで千日かかるとして、九百九十九日目に足を滑《すべ》らせて、谷底まで落ちてしまえば、また、這《は》い上がるには、大変な苦労をしなければなりません。

強い精神力と春の陽《ひ》のような温かさ、それに刃《やいば》のような非情さを兼ね備えなければ、エベレストの山頂には到達できません。

獅子《しし》は我が子を千尋《せんじん》の谷に突き落として鍛《きた》えると言いますが、お弟子さんを育てるのも同じことです。不必要な優《やさ》しさは、かえって、お弟子さんをダメにしてしまうのです。

お弟子さんが一人前の霊能力者になるには最低五年はかかります。しかし、少しできるようになると、ついついこの世界を甘《あま》く見るようになります。

先日、こんなことがありました。精神疾患と言える二十代の女性がやって来ました。私は、その女性に入っている怨霊の強さを見て、お弟子さんでは無理だと思いましたが、他のお客様の祈祷が長引き、致《いた》し方なく、お弟子さん三人に、先に祈祷を始めてもらいました。すると、その女性に入っている霊がヘラヘラ笑いながら、お弟子さん達に、

「無駄だ、無駄だ！　そんなことをしても、（俺《おれ》は）大丈夫だよっ。俺はこの女が好きだから、一緒に連れてくんだよ。邪魔しても無駄だ！　やめろ、やめろ！」

そう言ってからかいました。そんなことが、三十分くらい続きました。私は前のお客様の祈祷をやっと終え、その女性の祈祷に入りました。すると、その女性に入っていた怨霊は急

に無言になり、やがて、苦しそうにのけぞり始めたかと思うと、二十分後には女性は正気に戻りました。

それが私とお弟子さんの力の差なのです。しかし、私は自分の力が完璧《かんぺき》とは思っていません。まだまだ怨み深く、私の手に余るような怨霊がたくさん存在しているだろうと思っています。決して自分の力を過信しないこと、それが大切なのです。

三人のお弟子さんは、この御祈祷によって、この世界の恐ろしさ、奥深さを改めて、思い知ったようでした。

また、御祈祷の修行は、スポーツにたとえれば、個人競技の短距離走のようなものです。百メートルを三十秒で走る人もいれば、一分かかる人もいます。人それぞれのスピードでよいのです。他人を気にする必要はないのです。修行は他人と戦うのではなく、自分の心との戦いなのです。しかし、お弟子さんは、ついつい他人が気になってしまうようです。

お弟子さんの中には、一日に六時間も修行する人もいれば、一週間に三十分しかできない人もいます。そうすると、三十分しかできない人が六時間できる人の能力向上の早さを羨《うらや》むかもしれません。

人によって、生活の中に御祈祷が占めるウエイトが違います。しかし、私は生活の中における御祈祷のウエイトが大きい方がよいとは思っていません。人それぞれの立場も違います。家族のために働くことも、家事をすることも大切な修行です。人それぞれ、やらなければならないこともいっぱいあるはずです。

ですから、御祈祷の修行はマイペースでよいのです。他人を気にする必要はありません。祈祷は自分のためにするのですから。

第七章

生きるということ

◉——地獄を見る？

「誰でも懺悔法《さんげほう》ができるようになりますか？」

と、聞かれることがあります。ここで言うできるという意味は、受けられるということではなく、御祈祷《ごきとう》を他人に施《ほどこ》すということです。

私はいつも、こう答えています。

「地獄を見たかどうかです」と。

今まで、お弟子さんを育ててきて、
この世で地獄《じごく》を見た人ほど、御祈祷において大成するのです。

お弟子さんの中には、自分自身が自殺未遂をしたことのある人や、家族が自殺した人、また、人に言えない程の苦しみを味わった人がいて、そういう人ほど、修行して、伸《の》びるのです。

生まれた時から、さほどの苦労も知らず、安穏《あんのん》として生きてきた人は、修行しても無理でしょう。欲の深い人、異性関係にだらしのない人などは論外です。

なぜ、地獄を見たことがある人でなければダメなのか？

自分が地獄を見た経験がなければ、地獄の中で苦しんでいる相談者の気持ちが理解できないのです。自分が同じような目にあったことがなければ、

「苦しかったでしょうね、つらかったでしょうね。」

と言ったところで、所詮《しょせん》、他人事に過ぎません。

自分が地獄を見た者だけが、今、地獄の中で苦しんでいる者を引き上げる力を与えられるのです。

人を救う道に入るべき運命を背負った者は、自分自身も地獄を見る運命をたどることになります。本来、宗教家は、地獄を見た者だけがなるべきなのです。

現在は僧侶も世襲制ですが、本当は違います。この世で地獄を見た者が、もう、他人には自分と同じ苦しみを味あわせたくないと悲願して僧籍に入りました。熊谷直実《くまがいなおざね》は、息子ほどの年若き平敦盛《たいらのあつもり》の首を討《う》って、この世の無常を悟り僧になりました。遠藤盛遠《えんどうもりとう》は人妻である袈裟御前《けさごぜん》に横恋慕し、袈裟御前の夫を殺そうとして夫の身代わりになった袈裟御前を手にかけてしまいます。遠藤盛遠は自らの業の深さを懺悔し、文覚上人《もんがくしょうにん》となりました。

このように、地獄を見た者が宗教家になるのが本来なのです。地獄を見た者にこそ、他人の心の痛みが分かるのです。

たとえ、自分が死んでも、傷ついても、他人を救いたいと思う心は、自分が地獄を見なければ生まれません。他人を救うということは自らも傷つくということです。

自分が苦しむ覚悟がなければ、苦しむ者を救うことはできないのです。

また、人の生死は神仏が支配しています。

神仏が「生きろ」という間は、死のうとしても死ねません。川に飛び込めば浅瀬に落ちますし、首を吊《つ》ろうとすれば縄が切れます。ですから、神仏に「生かしておいてやりたい。」と、思われる生き方をすべきです。災害などで九死に一生を得たいとお思いの方は、まず自分の生き方を見つめ直してみて下さい。

私は修行したての頃、その当時は誰かに頼ることもできず。強い怨霊《おんりょう》の怨念を力ずくで無理矢理燃焼していました。その反動で意識を失うことも度々でした。

ある時、車を運転しながら怨念を燃焼していました。交差点に近づき、赤信号を確認、ブレーキをかけようと思った瞬間、意識を失ってしまいました。車は、赤信号の交差点の中にそのまま入っていったと思います。(意識がなかったもので)

気がついた時には、私の車は交差点の向こう側にいました。正気に戻った私はゾッとしました。歩行者が皆、私の方を見ていました。

私は神の力により救われたのだと思っています。

また、私は、この世で地獄を見て、死にたいと思いました。しかし、子供もいるので、死ぬにも死ねません。

台所に行って、包丁を持ってきて、左胸を引きました。それなのに、白い擦《す》り傷《きず》ができただけで、一滴の血も流れませんでした。私は家中の包丁《ほうちょう》、ペティナイフを持って来て、片《かた》っ端《ぱし》から胸を引きました。それでもダメで、近くのコンビニでカッターを買って来て、引いたのですが、とうとう一滴の血も流れませんでした。

私は今では、生死は全て神仏におまかせしております。神仏が生きろという間は行き続けるだけのこと。もうよいと言われれば、あの世に行くだけのことです。

ただ、生きている間は、日々、死力を尽くして生きたいもの、死んで神仏やお大師《だいし》様に顔向けができないような生き方はしたくないと思っています。

◉——欲望について

例えば、仏教では男女が愛し合うことを虚《むな》しいことだと考えます。なぜならば、愛は永遠ではない、いずれ、死が二人を分かつと考えるのです。セックスについても渇愛《かつあい》と考え否定的です。

しかし、密教はこうは考えません。男と女が愛し合うことは人生の歓《よろこ》びであると考えます。仏教が禁欲的であるのに対して、密教においては、性欲をも人生の歓びととらえるのです。

つまり、生きるということは苦しくつらい。

その苦しさやつらさは、歓びがあるから耐えられるのです。

仕事の疲れは、冷たいビールをキューッと呑《の》むことで消えていきます。上司とのモヤモヤも、妻との一戦で忘れられることもあるのです。

この世に命を与えられた奇跡、そして、人生に歓びあらばこそ、命を与えられたことに、神仏に対する感謝の心も生まれようというものです。苦しいだけの人生の、どこに感謝の心が芽生《めば》えるでしょう。

現在、真言密教《しんごんみっきょう》は仏教の一派と考えられていますが、本当は密教は仏教ではないのです。仏教はお釈迦《しゃか》様である釈迦如来《にょらい》様を本尊としますが、密教は宇宙と一体とされる大日《だいにち》如来様を本尊とするのです。

欲望の肯定という意味においては、密教はヒンズー教に近いかもしれません。

真言密教は人間の欲望を肯定します。しかし、それは無条件ではありません。自分の欲望が他者を苦しめたり、犠牲としてはいけないのです。

◉——聖俗一如とは

俗を離れて聖なし、宗教家は高い精神性を求めるあまり、社会から遊離するようなことがあってはいけません。庶民感覚を正しく認識したうえで、社会をよりよくするように働きかけることが必要だと思います。

私は弟子が酒を呑んでエッチな話をしようと、独身で特定の恋人がいない者が風俗に行こうと、注意はしません。守らなければならないケジメだけはしっかり守っているのならば、何も言いません。たとえ、卑俗な環境の中に我が身を置いても、自分の本性を見失うことがなければかまいません。

私は妻や恋人のいない弟子が風俗に行くことは許しますが、逆に、妻や恋人がいる弟子が酒の上の成り行きや、遊びと称して女性と交わることは許しません。世の男性の中には、温泉場などで女性と交わるのは遊びであって、遊びは不倫や浮気ではないなどと勝手な理屈をこねる方がいます。しかし、愛する妻や恋人に対する背信行為《はいしんこうい》に変わりはありません。女遊びにしろ、不倫にしろ、二股《ふたまた》三股をかけるにしろ、なぜ、いけないのかというと、愛する人を裏切ることがいけないのです。

現在、地球上にはおよそ六十七億人の人間がいます。その中で、一人の男と一人の女が出会う奇跡、その絆《きずな》を大切にしていってほしいものです。

◉——我を捨てる

私も含め、私達、懺悔法《さんげほう》を修行する者にとって、最も大切な修行、それは「我を捨てる」ことです。

私が師より最初に言われましたのは、

我執遠離《がしゅうおんり》

ということでした。人はともすると、「俺が」「私が」が、前に出るものです。欲に「が」が付くと我欲になります。

怨霊と、時に対決せざるをえない祈祷師にとって、我が強いと命取りになります。

怨霊は神仏や守護霊の振りをして、祈祷師を騙《だま》そうとすることがありますが、たいていはほめ殺しをします。祈祷師をほめて、いい気にさせて、その心の虚《きょ》を突きます。その時に我が強いと容易に怨霊の策に落ちるのです。

我を捨てること——それは私達修行者にとって、我が身を守ることに他ならないのです。道元禅師《どうげんぜんじ》の『正法眼蔵随聞記《しょうぼうげんぞうずいもんき》』巻ノ六には次のようにあります。

「一日示云《あるひじにいわく》、学道《がくどう》は須《すべから》く吾我《ごが》を離るべし。たとひ千経万論《せんきょうばんろん》を学し得たりとも、我執を離れずはつひに魔坑《まきょう》におつ。」

我を捨てなければ、どんなに学んでも最後は魔物の落とし穴に落ちるぞという意味です。

◉——学ぶということ

私は弟子達に学ぶということについて、いつも、こう言っています。

「視野は広く　懐は深く。」

真言密教のことしか分からない真言密教バカにはなって欲しくありません。親鸞上人《しんらんしょうにん》もよいし道元禅師もよい、他にもよいものはいくらでもあります。それら先人の叡智から、少しでも何かをつかみとってもらいたい、そう念じています。

私は特に親鸞上人という宗教家が好きです。親鸞上人の生きた時代、この日本は戦乱、飢饉、疫病と、ろくな時代ではありませんでした。しかも、大多数の庶民は文盲でした。中には、飢饉《ききん》のために乳呑《ちの》み児《ご》に乳をやれなくて畑の大根《だいこん》を盗んだ者もいたでしょう。また、親の薬代のために苦界に身を沈めた女性もあったでしょう。しかし、従来の仏教では、盗みを働いた者は不偸盗戒《ふちゅうとうかい》を犯《おか》した大罪人、身を売った娘は不邪淫戒《ふじゃいんかい》を犯した大罪人であって、仏に救われることができないことになっていました。

親鸞上人は考えたことでしょう。彼らをこそ仏は救うべきではないのかと。目の前で、疫病で今まさに死なんとする人に、文盲《もんもう》の彼らに、難《むずか》しい仏教の哲理を説いて何になるだろう。

南無阿弥陀仏《なむあみだぶつ》

を一度唱《とな》えただけで全ての罪から救われると説く親鸞上人の心情は痛い程、理解できます。

自らを愚禿《ぐとく》、愚かな禿頭《はげあたま》と言い、

「俺《おれ》みたいな大悪人が救われるんだから、あんたらが救われないはずがない。」

と言ってのける親鸞上人という宗教家、彼もまた偉大な、そして魅力的な人間だと思います。

◉――正直者は馬鹿をみるか

仏教の中にこのような話があります。

「罪を犯した者は、すぐに報いがやって来ないのをよいことに、罪を犯しても平気だと思ってしまう。

しかし、ひとしずくひとしずくの水が、やがては大きな水ガメをも満たすように、いずれ必ず裁きの時は訪れる。」

私は、過去、多くの方々の人生の山や谷を見てきました。そして、この仏教の言葉が真実であると思っています。

純粋であることを馬鹿にすることは愚かなことです。神仏に守られたければ、守護霊に守られたければ、純粋に生きることです。いつの頃からか、正直であること、純粋であることをさげすみ、

正直者は馬鹿を見る

などということが言われるようになりましたが、これは大きな誤りです。

◉──目の前の一人を救うこと

世の中の宗教の中には、「一殺多生《いっせつたしょう》」という考えを持つものがあります。多くを生かすためには一人を殺してもよい、つまり、多少の犠牲は仕方がないというものです。

私はこの考え方は非常に危険だと思います。

結局、自分達の宗教に従わない者は殺してしまえということなのです。

それに対して、私が神界から授かった教えは「一救多生《いちぐたしょう》」です。まず、目の前の一人を救う、そのことが多くを生かすことになる。つまり、世界の平和は、目の前の一人を救うことから始まるということです。

第八章

いろいろな話

◉——自殺をすると地獄に落ちるか

自殺をすると地獄《じごく》に落ちるとよく言われます。本当でしょうか。貧しさや病苦などで自殺をした者が、死んで、さらなる苦しみを味わうことになるなんてことが、本当にあると思いますか?

また、こんなことも言われます。自殺をすると、成仏《じょうぶつ》できないよ。これも、本当なのでしょうか?

実は自殺をしても地獄には落ちません。地獄に落ちるか、霊界に行けるか。これは、その人が今までいかに生きてきたかによって、決定されるのです。病死であろうと、自殺であろうと、死に方に関係なく、今までの生き方によって地獄か、霊界かが決まるのです。

ですから自殺者でも霊界に行くことは可能です。では、生き方さえよければ、自殺をしても、誰でも霊界に行けるかと言うと、そうはいきません。思い、残留思念を残してしまうと、成仏できずに、地縛霊化《じばくれい》してしまいます。自殺でも、思いを残さず、例えば、怨霊《おんりょう》の人格支配によって、自分の意志ではなく、自殺させられてしまった時などに、地縛霊化しない例を見ることがあります。ただ、怨霊の人格支配による自殺であっても、自殺時の苦しみなどがあると、その苦しみが残留思念となって地縛霊化してしまうことがあります。ともかく、自殺時の苦痛、怨み、悲しみなど、残留思念があると、成仏できなかったり、地縛霊化する要因になることがあるのです。

そして、地縛霊化すると自殺時の苦痛が成仏できるまで、ずっと続くことになるのです。

◉——死後の世界の話

人間が死んだら、その後はいったいどうなってしまうのでしょうか。

幼い子供を残して死んだ母親の霊などは霊界の許可によって、守護霊としてこの世に留まり、我が子の身辺に常にいることが多いようです。また、怨《うら》みを持ったまま亡くなった者の霊は怨霊として、相手に取り憑《つ》きます。

自殺した者の霊は、残留思念があると地縛霊として、自殺した場所で、死んだ時の苦しみをそのまま抱《かか》えた状態で居続けることになります。

では、通常の死に方で亡くなった方はどうなるのかと言いますと、生き方の正しい者は霊界に行き、生き方の悪い者は地獄に落とされます。

私は父の死後、半年経った頃、不思議な夢を見ました。父と二人、大勢の知らない人と共に、バスに乗り、草原の中を走って行きました。しばらく走ったところで、バスが停車すると、皆、バスからぞろぞろ降りて、草原の中に、同じ方向に頭を向けて横になりました。そして、休息ののち、再びバスに乗って走りました。やがて、バスが停車すると、皆はバスから降りて、記念撮影をしました。私と他の人達は、並んで、カメラマンの方を向きました。この時、私の父は、カメラマンの横に立っていました。

夢はここで覚めました。

この夢のことを他の人に話したところ、同じような夢を肉親の死後に見た方があり、やはり、バスで草原を走って行ったそうです。どうやら、私は霊界に行く父を途中まで見送ったようです。

いずれにしても、生き方の正しい者は、死後、半年ぐらいで、霊界に行きます。

霊界は、暖かいとか寒いとかの感覚のない光の世界です。

そして、数年を過ごした後、世界のどこかに転生することになります。

逆に地獄は、暖かいとか寒いとかの感覚のない闇の世界です。そして、やはり数年の後に転生しますが、因縁《いんねん》の重い家に生まれ変わることになります。場合によっては、加えて、戦争に巻き込まれたりします。

また、時に前世の記憶を残したまま生まれてくる方が稀《まれ》に存在するようです。

江戸時代の国学者である平田篤胤《ひらたあつたね》も輪廻転生《りんねてんしょう》を研究の対象とし、著作も残しています。

前世や来世が本当にあるのか、科学的に証明できることなのかどうか私は知りません。

しかし、過去二十年間の経験から、私は前世と来世、その繰り返しとしての輪廻転生を信じております。しかし、だからと言って、それを無理に他人に信じてほしいなどとは思っておりません。目に見えぬものを、無理に信じてほしいといったところで無理な話でしょう。信じられると思ったら信じて下さい。信じられない人は、信じていただかなくても仕方ありません。その人は、まだ、信じられるだけの見聞と経験をなされていないのですから。

私の師は私にこう言いました。

「誰が言ったからとか、どこに書いてあったからとかで信じてはいけません。まず、疑ってかかる。そして、納得できたら受け入れなさい。真実は、疑っても疑っても消えることがない。真実は、疑うことを恐れません。疑って消えてしまうものであれば、所詮《しょせん》、それは真実ではなかったということです。」

私は、弟子達にも、私の言葉を鵜呑《うの》みにするなと言っています。私も間違っているかもしれません。この本に書かれていることも、誤りがあれば、後世の人達が、誤りを指摘して、より正しい真実を求めて行けばよいと思っております。

話がそれましたが、輪廻転生はあると確信をもって言えます。

そして、人間の一生は、長い長い旅のたった一駅の道程に過ぎないのだと考えます。

この一駅の道程は、さらに次の一駅の道程をよりよく生きるためのものであると思うのです。

では、死者の魂にとって、位牌《いはい》やお墓はどういう意味があるのでしょうか。

位牌やお墓は死者に思いを伝える場所と考えればよいと思います。位牌やお墓に死者の魂があることはほとんどありません。まだ、霊界に行く前の魂は、親しい家族の傍《そば》にいたり、会いたい人の所を廻っています。

残された家族が旅行に行けば、一緒《いっしょ》について行きます。寂しい墓地で待っているなんてことは絶対にありません。位牌も同じです。

家族みんなが旅行に行くのに、位牌に入って留守番をしたりはいたしません。たとえ、家にいる時でも、滅多に位牌には入らず、家族の傍《そば》にいるのです。

◉――曼荼羅について

曼荼羅《まんだら》とは、真言密教《しんごんみっきょう》の宇宙観を図像化したものです。胎蔵界《たいぞうかい》曼荼羅と金剛界《こんごうかい》曼荼羅の二つがあり、合わせて両界《りょうかい》曼荼羅と言います。

私が曼荼羅の講義を受けたのは、十年くらい以前のことです。

どこで受けたかって？

お風呂の中です。

午後四時頃、その日は仕事も忙しくなかったので、めずらしく昼間から風呂に入っておりました。

すっかりくつろいだ、その時に、突然声なき声、守護霊の方の声が聞こえてきたのです。

それによると、両界曼荼羅の意味はこうです。

胎蔵界曼荼羅は、全ての生命の中に内臓された仏の世界であり、自己の内なる仏性の覚醒《かくせい》を目的としています。ですから、胎蔵界曼荼羅には、蛇《へび》や動物までも描かれます。

金剛界曼荼羅は、この宇宙や自然を支配し、構成している、宇宙生命としての外なる仏の世界です。そして、大切なことは、胎蔵界曼荼羅にしても、金剛界曼荼羅にしても、その中心をなすのは密教の本尊たる大日如来《だいにちにょらい》様であるということです。自己という小宇宙、自己を包み込む、生命を育《はぐく》む大宇宙、この二つの宇宙は大日如来様という大きな生命によって一つになるのです。

◉――火戻しの法について

真言密教と修験道《しゅげんどう》には「火戻しの法」と呼ばれる祈祷法《きとうほう》が古来、伝えられています。光沢《こうざわ》と呼ばれる弟子も子供の頃、大火傷《やけど》をした時に、行者をしていた祖母から、「火戻しの法」を受けたと言います。

私も、末の娘が大火傷をした時に、「火戻しの法」を行いました。程度四と五の間くらいのひどいもので、皮膚《ひふ》がベロリとむけてしまい、医師にも、いずれ皮膚の引きつれが起こり、跡も残るだろうと言われました。しかし、「火戻しの法」を行ったところ、治癒も早く、皮膚の引きつれもなく、跡も残りませんでした。

では、「火戻しの法」とは、いったいいかなる祈祷法かと言いますと、分かりやすく言いますと、逆気功とでも言いましょうか。気功は体内に気を入れるわけですが、「火戻しの法」は、火の気を体から抜くのです。具体的には、火傷の患部に手をかざし（雑菌の感染を防ぐため、直接患部に触れてはいけません。また、包帯などの上からでも大丈夫です）、

「お不動様から生まれた力を、再びお不動様にお戻し下さい。」

と、念じながら、不動明王様の慈救《じぐ》の呪《じゅ》と呼ばれる真言（呪文《じゅもん》）を唱《とな》えながら、火の気を抜くのです。

不動明王様の慈救の呪　ノウマク　サンマンダ
　バアザラダア　センダン　マーカロシャダヤ
　ソワタヤ　ウンタラタ　カンマン

患部から火の気を抜くと、逆にかざした掌《てのひら》のあたりが熱くなってきます。すると、火傷の余熱が抜けていき、火傷の治りが早く、跡も残りにくくなるのです。

◉――不妊症について

不妊症や流産が続くなどの原因の多くも怨霊によります。私どもの神社では、懺悔法の祈

祷によって毎年数組の方々が無事妊娠、出産されています。妊娠に障《さわ》る怨霊は色情系の怨霊が多く、男女共に性器周辺に憑依《ひょうい》してしまいます。妊娠すると、胎児《たいじ》の父方母方の家系にまつわる怨霊が力を合わせて妊娠を妨げようとします。

女性の方の脳下垂体や性器周辺に怨霊がいれば、妊娠そのものがしにくくなり、不妊症の原因の一つにもなります。

また、生理痛の重い方、生理不順の方は、性器周辺に怨霊がいる可能性が高いわけで、不妊、流産の可能性があるわけです。

◉──真の終戦記念日とは？

私は十年くらい前から、終戦記念日に、供養《くよう》祭を行っています。

毎年、八月十五日の正午に始め、一時間程かかります。

と、書けば、右翼関係者と勘違いされるかもしれませんが。ところが、この供養祭が、ちょっと変わっているのです。

普通、戦没者供養祭というと、日本軍の兵士の皆さんに対して行うのですが、私どもの神社では違うのです。どこが違うかと言いますと、二十世紀、全世界で亡くなった戦没者、被災者の全てを供養するのです。日本人戦没者被災者、中国人戦没者被災者、朝鮮人戦没者被災者、米国人戦没者被災者、諸外国戦没者被災者に対して供養します。死ねば仏、敵も味方もありません。私は敵にしろ、味方にしろ、共に戦争の被害者だと思い、供養祭を始めました。この世界から、戦争で亡くなる人が一人もいない日がくるように祈って毎年続けています。

皆さんも、こんな終戦記念日にしてみたらいかがでしょうか。

【エピソード4】～身代わりになったお不動様――社務所全焼～

平成二十年十月三十日、私はなかなか寝付かれず、眠りに入ったのは、午後十一時頃でした。突然、警報の音に眼を覚ましました。私の住む街では火災が発生すると、各公共機関に設置されたスピーカーから、火災の発生と、その発生した家の番地を知らせることになっていました。時計は明けて三十一日午前三時を指していました。

警報の音を聞き、そのあとの番地を聞き漏《も》らすまいと耳を澄《す》ましました。

火災は福生市熊川660番地付近です――

私は思わず我が耳を疑いました。その番地は私の家の番地でした。びっくりして、妻と二人で、廊下《ろうか》伝いに神社の方へ走りました。

社務所の玄関まで出た時、私は立ちつくしました。境内《けいだい》の片隅《かたすみ》にあった、一棟の社務所が、猛火《もうか》に包まれていました。すでに消防隊員の方が多勢、必死に消火活動をしている最中でした。

私は燃え落ちていく社務所を、玄関の土間に座ったまま、じっと見届けながら、思いました、

――吉と出るだろうか、それとも凶と出るだろうか？――

私の今までの経験から神事《かみごと》（神様がなされること）は、結果が出てからでないと、良いことだったのか、悪いことだったのか分からないのです。例えば、足を怪我して障害が残ったとします。しかし、間もなく戦争が起こり、その足の障害がもとで、戦争に行かずにすんだとしたら……。足の怪我と障害は確かに不幸なことであったとしても、それがもとで、戦争に行かず、戦死を免《まぬが》れたとしたら、それは結果的にとても幸運なことであったと言えるでしょう。

社務所は全焼しました。この社務所は祈祷所として利用し、「お不動さま」と、「大日如来さま」もお祀《まつ》りされていたので、共に焼失しました。

消防庁、警察署の現場検証で、出火の原因は漏電《ろうでん》であることが判明しました。実は、この建物は、私とお弟子さんの修行と祈祷を行う場所でもあったのです。毎日、朝十時から夕方六時まで護摩《ごま》の修行をしていました。私は、最初、お弟子さんの火の不始末かと思いましたが、出火は修行終了後、九時間後のことで、その可能性はまったくありませんでした。私の記憶では、確か火災保険には入っていませんでした。私は罹災《りさい》した建物の解体費用のことが気がかりでした。

私どもの神社は私の父の時代、昭和三十年代から、四十年代にかけて、結婚式場として、非常に繁盛《はんじょう》し、多い日には六組もの挙式と披露宴《ひろうえん》で賑《にぎ》わっていました。そのため、次々と増築をし、実質的に社務所が四つもありました。しかし、時代の流れに連れ、五十年代頃から、キリスト教式結婚式に押され、また、あっちこっちにホテルが増え、ホテルでの挙式に押されて、神社での挙式、披露宴も激減し、六十年代にはついに廃業に至りました。

残されたのはあまり利用価値のない、老朽化《ろうきゅうか》した建物でした。その建物の中に一棟、他の建物から独立して建っていたこの建物を祈祷所に使っていました。他の建物は棟《むね》と棟とが連結されているので、もし、火災が他の棟であれば、さらに延焼し、甚大《じんだい》な被害をもたらしていたことだと思われます。

私には、常々、一つの悩みがありました。それは、老朽化した四棟の維持費です。景気のよい時にどんどん建てた建物が、景気が悪くなると、負担、お荷物になって、逆に首を締め付ける結果となっていました。神社維持団体である氏子会にもあまり予算がありませんでしたし、私個人も五人の子供と妻と母を抱えての家計は決して楽なものではありませんでした。

雨漏《あまも》り、床板が沈む、ペンキの塗《ぬ》り替え、庭木の剪定《せんてい》など、年間バカにならない維持費が必要でした。この春も、ペンキ塗り替えの見積もりを取ったところ、六十万円と言われ、保留にしていました。このような経済状況において、さらなる解体費用の負担は非常に困難な問題でした。

私は、保険会社に加入の有無を問い合わせました。するとです。加入していたんです。

私は、父から引き続いて事務的に保険料を支払っていた暢気者《のんき》で、加入していたことに気づかなかったのです。

今回の火災は結果的に吉と出ました。出火時刻が午前三時ということで、私とお弟子さんの御祈祷による火の不始末の可能性もなく、今後も御祈祷を続けられますし、他に御祈祷に利用できる建物があるので再建の必要もなく、保険金が今後の維持費として確保できました。ただ、老朽化した建物で評価が低く、そんなに高額ではありませんでしたが。

また、不思議なことに、ガラスも溶ける程の猛火であったのにもかかわらず、一メートルの至近距離にあった玉垣《たまがき》（御影石《みかげいし》で作られた塀《へい》）が黒く焼け焦《こ》げることもなく、一本の樹木も焼失せず、近隣や社殿への延焼もありませんでした。

ただ、惜《お》しいことは「お不動さま」と「大日如来さま」が焼失したことでした。

実は、私はこの春から、「お不動さま」に神社の維持費を何とかしてほしいと祈り続けていたのです。お不動さまの御利益は、「身代わり不動」と呼ばれるように、自ら犠牲となって人の苦難を救うことがあります。まさに、私どもの神社の経済的苦難を救うために自ら犠牲になったのです。

「お不動さま」も、「大日如来さま」も、江戸時代後期のものでした。皆さん、「もったいない」と、思われた方がおいででではありませんか？　私も思いました。

しかし、仏像を時代とか、作者とか、材質とか、作行《さくゆき》で良し悪しを判断するのは、非常に俗っぽい、美術的視点によるもので、宗教的には仏像は神仏の魂の一時的依代《よりしろ》（御神体《ごしんたい》）であって、古かろうが、新しかろうが、誰が作ったものであろうが、金属性だろうが、木製だろうが、作りが繊細《せんさい》だろうが、荒削《あらけず》りだろうが、どうでもよいことなのです。

燃えたら、また買えばよい。いや、実はなくてもよいのです。本当は、護摩の炎そのものを「お不動さま」と見れば、仏像はなくてもよいのですが、人は形がないと心細いので、やはり、新たに買い求めようとは思っていますが。

男のお弟子さんの一人が、骨董市《こっとういち》で、高さ五センチ程のアンチモニー製の奈良の大仏様のミニチュアを三百円で買ってきました。昭和四十年代くらいのもので、おそらく、修学旅行の学生達のお土産《みやげ》用に作られたものなのでしょう。

私は彼に言いました。

「君がその大仏様のミニチュアをただのオモチャと思えば、ただのオモチャになってしまうだろう。君がその大仏様に仏様の魂が宿っていると信じれば、必ず仏様の魂が宿るよ。大事なことは、大きさでも材質でも、価格でもない。人がそこに神仏の魂を認めることだ。河原に落ちている石だっていい、人がそのモノに神仏を感じた時、そこに神仏の魂があるんだよ。」

第九章

Q&A　祈祷と霊能力

Q 守護霊はお金で買えますか？

A お金を出して守護霊をつける御祈祷があると聞きましたが、本当のことでしょうか？
そう尋ねられたことがあります。霊能力者の中には、御祈祷で守護霊をつけられると言っている方がいるようです。

しかし、そんなことは絶対にありません。

御祈祷で守護霊をつけることはできません。

守護霊は、神がその人の正しい生き方を評価し、それによって、霊界から無償で派遣されるものなのです。どんなに経済的に貧しい人であっても、生き方の正しい人には守護霊がつきます。そして、その方が幸せになれるように導かれます。

逆にどんなに経済的に豊かな人であっても、悪い行いをしている人には守護霊はつきません。いずれ、尾羽《おばね》打ち枯《か》らす時が来るかもしれません。

Q 誰の霊でも降霊できるの？

A テレビの心霊番組などを見ていると、時折、降霊《こうれい》をしています。霊能力者が相談者の身内の霊や、歴史上の人物の霊などを呼んでいます。

しかし、誰の霊でも自由自在に呼び出せるのでしょうか。

私も降霊をいたしますが、降霊できる霊、できない霊がいます。幼い我が子を残して亡くなった方の霊などは、守護霊化しているので呼び出せますが、そうでなければ、死後半年くらいで、霊界や地獄《じごく》に行ってしまうので降霊できません。ましてや、数百年前に亡くなったような歴史上の人物の霊を、しかも、無関係な霊能力者が呼び出したところで、降霊できるはずがないのです。

Q 霊能力者になるにはどうすればいいの?

A まず、自分自身を自己診断して下さい。もし、異性にだらしなかったり、欲が深かったり、威張《いば》っていたりしていたら、最初にそんなことを直しましょう。

次に、よい師について指導を受けるのがよいと思います。一番大切なのが実はここなのです。途中で師を変えると、最初の師から教えてもらったことが抜けにくく、次の師からの教えが入っていきにくくなるのです。

人に教える側も、教えを受ける側も、教えを受ける者が白紙の状態でないと、お互いに苦労するものです。

ですから、最初が肝心で、師を選ぶ時は、慎重《しんちょう》によく考えて決定して下さい。師についての修行が始まったら、あとは自分の努力次第です。心のタガを緩《ゆる》めずに頑張《がんば》って下さい。あなたが神仏から、その力を与えられるか否かは、あなたの心にかかっているのです。

Q いろいろな神社やお寺の御札を一緒にお祀りするのはどうですか?

A いろいろな神社やお寺の御札を一緒にお祀りすると悪いことが起こると言う霊能力者がいらっしゃいますが、これは誤りです、霊能力者の中に入っている怨霊《おんりょう》からの間違った情報です。

神仏喧嘩《けんか》せず。人間と違って、高級霊たる神仏にテリトリー意識、他の神仏へのねたみなどありません。

Q 地獄の沙汰は金次第と言います。本当でしょうか。高額な戒名料を支払い、よい戒名をいただくと、あの世に行ってから霊界の中でもよい所に行けるということが、あるのでしょうか。

A そんな馬鹿なことはありません。霊界に行った時、評価されるのは、生きている間に、何をしてきたかということです。良いことをどれだけしてきたのか、悪いことをどれだけしてきたのか。それが全てです。死んだ人と遺族が家族であったとしても、霊的には別人格です。遺族がどんなに供養しても、それによって、地獄に行くべき者が霊界に上がることはありません。

どんなによい戒名をつけても、霊界の評価にはいっさい影響いたしません。死んでから、遺族が何をしても、死んだ者の罪は軽くならないのです。だから、生きている間に少しでも多くの良い行いをしておくことが大切なのです。

Q 地縛霊の地縛は解けるか?

A 自殺者の霊や戦争で亡くなった方の霊の多くは亡くなったその場所に留まって、死んだ時の苦しみを引きずり続けます。これを地縛霊《じばくれい》と呼びます。自分を殺した相手が分かっている場合には、殺された方の霊は怨霊化して、殺した相手に憑依《ひょうい》しますが、爆撃《ばくげき》のように、相手が分からないままに亡くなった方の霊は、地縛霊化します。そして、怨みの程度によっても違いますが、およそ五十年を経て、少しずつ苦しみが消却されて、地縛が解《と》けるのです。地縛が解けると自殺者の霊は霊界に行き、爆撃で殺された方の霊は、怨霊化して、殺した相手やその子孫に祟《たた》ります。

ですから、大きな戦争があると、その五十年後に戦争で殺された相手の地縛が解け、怨霊化するので、社会にさまざまな不幸な現象を起こすことになるのです。

Q 先祖が祟ることってあるの？

A 先祖供養しないから先祖が祟ったと、霊能力者の方に言われたと相談に来る人がいます。

しかし、これは霊能力者の霊視ミスです。実際に祟っているのは先祖によって殺され苦しめられた怨霊です。霊能力者が、自身の中に潜《ひそ》んでいる怨霊に気づいていないため、このような間違った結果が出てしまうのです。

先祖供養の有無によって、先祖の霊が楽になったり、苦しんだりということはありません。それによって先祖が子孫に祟ることもありません。

先祖の霊はほとんど、死後半年程で霊界や地獄に行ってしまいますし、あなたが、もし、先祖の立場だとして、お墓参りしないからといって、我が子や子孫を苦しめ、殺してやろうと思いますか?

Q 怨霊と地縛霊、怖いのはどちら?

A 地縛霊の影響は、地縛霊のある土地から出て行けば消滅します。あとは引きません。しかし、怨霊は、自分の中に入っていて、地球の裏側まで逃げようが、宇宙に逃げようが、付いて回ります。

また、地縛霊の影響は、自分の存在を知らせて、成仏《じょうぶつ》を助けてもらいたいと願う霊等が、霊現象を起こすケースと、「魔の踏切」と呼ばれるような、地縛霊が生きている者を仲間に引っ張り込もうとして殺そうとする危険なケースがあります。いずれにせよ、その土地から出て行けば影響から逃れることができます。

怨霊の影響は、自分が怨霊にとり殺されるまで執拗《しつよう》に続き、肉体的病気や精神的病気、他にもさまざまな悪影響を及ぼします。そして、逃げられません。

地縛霊と怨霊、どちらがより怖《こわ》いかと言えば、それは怨霊ではないでしょうか。

Q 因縁は親から？　先祖から？

A 因縁はどこから流れてくるのでしょうか。親から？　先祖から？　どちらも間違ってはおりませんが、正しくは、二つの流れがあると思って下さい。それは、父方の先祖から父親を経て、自分に流れてくるものと、母方の先祖から母親を経て、自分に流れてくるものです。

つまり、父親および、その先祖によって殺され苦しめられた怨霊と、母親および、その先祖によって殺され苦しめられた怨霊とが、自分に流れてくるわけです、そして、その怨霊は、さらに自分の子、やがて孫、曾孫へと流れていくことになるのです。怨霊は最高五百年にわたって祟り続けます。つまり、もし、あなたが人を殺したり自殺に追い込んだりすると、相手の霊は怨霊として、あなたの家族や子孫に対して、五百年もの間、苦しみを与え続けることになるのです。

Q 強い守護霊をつける方法

A 自分の意識を正しくする。これしかありません。自分だけよければよいという考えを捨てることです。そして、人を裏切らないことです。たとえば、不倫は愛する妻や夫を裏切ることです。

未婚で、特定の相手との恋愛関係にない方が風俗街で遊ぶことは、それほど悪いこととは言えません。しかし、夫や妻が、また、恋人がいる方が風俗街において遊ぶことは、大きな罪となります。

このように不倫は神が絶対に許しませんし、風俗街での遊びも、場合によっては、許されぬ罪となるのです。このようなことをすると、守護霊は自分から離れていきます。

威張《いば》ること、必要以上に欲を欠くことも許されません。人間は、自分を偉《えら》いと思ったらおしまいです。また、自己の利益ばかりを追求してはいけません。自分の人生が、仕事が、他人のためになっているかどうか、今、自分がしていること、しようとしていることが、神仏の祝福を受けられることなのかを、常に考え続ける必要があります。

そのように生きていけば、あなたにも、きっと守護霊がつくでしょうし、努力すればしただけ、より高く強い守護霊をつけることにもなるでしょう。

Q 霊のスポットと言われる場所には行かないほうがよいでしょうか？

A 因縁の軽い方は守りも強いので、霊のスポットに行っても、因縁の重い方ほどの危険性はないでしょう。しかし、本当に強い霊、多くの霊がいて、万一ということもあります。

あえて、危険な所に行くべきではありません。

また、因縁の重い方は守りも弱く、自分の中の怨霊の力と連動して、精神的におかしくなったり、自殺しないとも限りません、因縁の重い方が霊のスポットに、しかも自分の中の怨霊の力が強くなる夜に行くようなことは、自殺行為と言ってよいほど危険なのです。

Q 前世が有名人ってよくあるの？

A よく霊能力者が、テレビなどで、前世を霊視しています。すると、時々、歴史上の有名人であったりするものです。これは正しいと思いますか？　確かに歴史上の有名人が転生した結果としての方が、この世に生きていたとしても、何の不思議もありません。しかし、それが正しいかどうかの問題はまた別の話です。

多くの場合、その霊能力者に憑依《ひょうい》している怨霊による嘘《うそ》であることが多いと思います。

私自身も過去において、自分の中の怨霊に、「お前の前世はスサノオノミコトだった。滝《たき》沢《ざわ》馬《ば》琴《きん》だったこともある。」と、言われたことがあります。一時、信じたこともありましたが、怨霊を浄化していくうちに、嘘だと分かり、現在はまったく信じておりません。

Q「生まれ変わっても一緒に」は可能か？

A 人は死ぬと、霊界か地獄に行くことになります。そして、霊界に行った者も、地獄に行った者も、数年を経《へ》て、世界のどこかで、新たな命として誕生することになるのです。

霊界は熱さや寒さのない光の世界です。死者の魂は、そこで転生の時を待ちます。死者はやがて、神から転生の時が来たことを告げられます。

死者の魂は、来た時と同じ風のトンネルを抜けて、やがてこの世に戻ってきます。ここで魂は、やがて自分の両親となる男女が交わるのを見ることになります。そして、神から、その女性のお腹に入るように命じられます。このようにして、輪廻転生することになるのです。

では、何を基準にして、生まれてくる国が決定されるのでしょう。また何を基準にして、生まれてくる両親が決定されるのでしょうか。

前世、戦争で人を殺した者の魂は、戦争の最中に生を受けます。色情に絡《から》んで人を殺し苦しめた者の魂は、色情因縁の重い両親のもとに生まれる運命を与えられ、この世において、色情によって苦しみます。

では、何を基準にして生まれる国や土地が決定されるかと言いますと、無作為に全世界に振り分けられます。ですから、日本人が、また同じ日本人に転生できる確率は、全世界の人口分の日本の人口なのです。

そして、神様は、人間が前世のしがらみを引きずることを許しません。小学校のクラス替えと同じです。前世は前世、現世は現世、割り切って、現世においては、新たな人間関係の

構築を神は求めるのです。ですから、

「生まれ変わっても一緒に」

は、あり得ないことになります。

よく、テレビなどで霊能力者の方が、

「あなたは相手の方と前世も人間関係があったんです。」

と言われますが、これは、霊能力者が自分自身の中の怨霊にたぶらかされているための発言です。

また、先祖が子孫に生まれ変わることもありません。あくまでも、人間一人一人は、たとえ先祖と子孫の関係であったとして、独立した因縁を持つ別人格なのです。

Q 霊能力は生まれつき備わっているものか？

A 生まれつき霊能力が備わっている方は確かにいらっしゃいます。しかし、生まれつき備わっている方だけかというと、そうではありません。後天的に霊能力に目覚める方もおいでです。先天的なものであれ、後天的なものであれ、共通して言えることは、因縁の重い者に霊能力が備わることが多いという事実です。多くの霊能力者は、自分自身の中に憑依している家系因縁の怨霊の存在に気づくことなく、日々、霊能力者としての仕事をし続けているのです。

Q 守護霊は霊界からの派遣社員？

A 守護霊は自分の正しい生き方に対して、霊界の命令によって派遣されてくる高級霊のことです。一口に高級霊と言っても、その霊格はさまざまです。より正しい生き方をすれば、より霊格の高い守護霊に交代します。逆に生き方が堕落《だらく》していけば、守護霊も、より霊格の低い守護霊に交代していきます。そして、いずれいなくなってしまいます。

Q 水子供養は必要ですか？

A 流産の場合、水子供養は必要ありません。しかし、堕胎の場合には水子供養はなされた方がよいと思います。私どもでは、水子の位牌を作り（一見しても、すぐに水子の位牌とは分からないようにしてあります。）自宅に持ち帰ってもらい、十日間の供養をしていただき、その後に焚き上げています。以後の継続供養はいっさい必要としていません。

水子の霊は、たとえ堕胎されたとしても、愛する母を怨むことをいたしません。たとえ、そうであったとしても、早い時期に霊界に送るにこしたことはないのです。

すでに歳月が経過している場合、水子の魂が霊界に昇ってしまっている可能性もありますが、命を絶ってしまったことを神へ詫びるけじめとしても、水子供養は必要と思います。

Q 霊が見える人と見えない人がいるのはなぜ？

A 霊能力のある人が霊が見えて、霊能力のない人は霊が見えない。単純にそう思われていると思います。しかし、実際には、一口に霊能力と言っても、さまざまな能力の相違があるのです。

霊能力の種類

・霊視能力

死者の姿が見えたり、オーラが見えたりします。

・遠隔伝達能力

テレパシーと呼ばれ、遠隔地の人と情報を読み取り、伝えることができます。念写もこの中に入ります。

・透視能力

遠隔地にある人や箱の中の物、またその状況などが画像として見えてしまうものです。

・治病能力

気の力、また、イメージ、祈祷などにより治病します。

・物質出現能力

空中から、さまざまな物質を出現させます。

・霊媒能力

死者の魂を一時的に自分の中に入れて自分の意識を貸して、死者がしゃべったりします。

・予知能力

未来の出来事が、夢や画像として見えてしまうものです。

・霊聴能力

霊の声が聞こえたりします。

・浄霊能力

霊の想念を燃焼して霊界に送ります。

一般に霊能力者は、以上の能力のうちのいくつかの能力を持っています。ですから、能力によっては霊が見えない人もいるわけです。

Q 守護霊がいると、何かよいことあるの？

A 守護霊がいると、霊的な守りが強くなります。守護霊は、シークレット・ボイスによって、あなたに危険をしらせてくれたりします。嫌な予感や虫の知らせも守護霊によります。たとえば、いつもはせっかちな人が、その日に限って、もたもたして、墜落すべき飛行機に乗り遅れて、命が助かったりします。

九死に一生を得る時には、必ず神や守護霊の力が作用しているものなのです。

守護霊は、神の下僕《げぼく》として、人間を不運から守り、幸運に導こうとしてくれるのです。

Q 怨霊が他人から流れてくることがありますか？

A 基本的にはありません。ただ、時には自分の怨霊が相手に入って、自分を嫌いにさせたり、いじめさせたりすることはあります。

また、霊能力者は、墓地でも街頭でもよく浮遊霊をひろってきてしまうというようなことを言いますが、これは、その霊能力者に怨霊が憑依して起こる誤った情報によるものです。実際には浮遊霊ではなく、その方の家系にまつわる怨霊のしわざとみて、よいと思います。ただ、稀《まれ》に自殺者の霊など、自分とは無関係な霊の憑依を見ることがありますが、それは非常に数の少ないことだと思います。

Q 祈祷を受けていれば病院に行かなくてもいいか？

A 病気になったら祈祷に頼るか？　医学に頼るか？　さて、どちらでしょう。

答えは、まず病院に行ってよく診察を受け、治療を受けて下さい。そして、しばらく続けてみて、結果が思わしくなかったら、治療を続けたまま、祈祷を受けるようにして下さい。

たとえば、怨霊の憑依によって誤って指を切断してしまったとします。あなたは、医学に頼りますか？　それとも御祈祷に頼りますか？　祈祷と答えたあなた、申しわけありませんが、祈祷で、切断した指をつけることはできません。少なくとも、私にはその自信がまったくありません。私が指を切断したら、私はすぐに病院に行ってつけてもらいます。

また、因縁の重い場合、その浄化には、大変時間がかかります、その間にも、病気が悪化して、手遅れにならないとも限りません。病気の原因がたとえ怨霊だったとしても、起こってしまえば病気です。治療を続けて下さい。

怨霊によってウツ病になった場合、必要があれば、病院に入院させることも考えて下さい。怨霊が人をウツ病にし、自殺に至らせることもあるのです。病院に入院させることは、本人の安全確保にも必要ですし、因縁浄化の時間稼《かせ》ぎにもなります。本人が入院中に、遠隔で因縁浄化をしてしまうのです。

このように、祈祷は医学の次の段階の選択だと考えて下さい。また、祈祷をもってしても動かせぬ宿命や寿命もあることを忘れてはなりません。

Q 風邪をひいても霊視ってできるの？

A 風邪や疲労は霊視にはよくありません。霊力が低下します。また、妊娠中のお弟子さんには、懺悔法を他人や自分に対して行うことを禁止しています。妊娠中に自分の気を消耗させないためです。

Q 怨霊は病気を起こすことで怨念というエネルギーを消費するのでしょうか？

A 怨霊達にとって病気の発生は怨念を消費することになります。ガンなどを発生させる前と後とでは、怨念のエネルギーが縮小していくことになるのです。

Q 懺悔法で病気がよくなったりするのは、自己暗示によるものでしょうか？

A 懺悔法は、赤ちゃんの夜泣きにも効果があり、また、アルコール中毒の御主人に内緒で御祈祷を依頼されても効果があるところから見て、自己暗示ではなさそうです。

Q 一人についている守護霊は何人？

A 一般的に、一人の人間についている守護霊の数は一体か二体程度です。ほとんどは過去世界のどこかに生きていた、自分とは何の縁もなかった霊格の高い方の霊です。稀に、若くして亡くなった母親の霊などが守護霊として残ることを霊界に許されて、つくことがあります。

Q 神社とお寺の祈祷、どちらが強い？

A どちらとも言えません。祈祷の力の差は、宗教宗派によるものではありません。祈祷の力の差を生み出すものは三点あります。

一つは生き方です。祈祷を行う者の生き方が、祈祷における力に差を生じます。より高い意識を持つ者ほど、強い力を持つことになります。怨霊に対してであれば、より強い怨念を持つ怨霊を浄化できるようになります。

もう一つは技術です。霊に対する、より正しい認識、祈祷法に対する、より正しい知識に支えられた技術です。

世の中には、正しい心を持ちながらも、正しい知識に支えられた技術に出会うことができず、闇の中を手探りで苦しんでいる霊能力者の方が大勢いらっしゃいます。そういう方々にも、ぜひこの本をお読みいただければと願っています。

最後は経験です、何度も何度も怨霊に騙され、死ぬような思いをして、やっと一人前の祈祷が行えるようになります。

以上の三点によって、祈祷の力に差が生じるわけで、これを目安にして祈祷をお願いすればよいと思います。

Q 神社とお寺、どっちがいいの？

A 神社とお寺、比較できるものではありません。どっちもいいと答えておきましょう。

よく、人から、

「お墓を持ちたいんですが、神道がいいでしょうか、それとも仏教がいいでしょうか。また、仏教なら何宗がいいですか？」

と、聞かれます。そのような時には、次のように答えることにしています。

「宗教、宗派で選ばないほうがいいと思いますよ。宗教宗派に優劣はありませんから。ただ、あえて言うなら、私なら人で選びます。正しく生きている神主さんやお坊さんのいる神社やお寺がいいんじゃないでしょうか。」

Q 正しい祈祷師の選び方を教えて下さい。

A 正しい祈祷師って何だろう？　私に、この質問に答えるだけの資格があるかどうか分かりませんが。

私はいつも相談者の方々にこう言っております。

祭壇の奥の神仏を示して、

「こちらにおいでの方が、私の上司です。とても、おっかない上司です。いつも、叱《しか》られてばかりいます。私は、ここにおいでの上司に使われている平社員です。」

そう言うと、皆さんお笑いになられます。でも、人間は神にも、神の代理にもなれないのです。神仏に仕える祈祷師は、神の小間使いみたいなものです。自分を偉いなどとは、間違っても思ってはいけないのです。ですから、自分を神の代理のように勘違《かんちが》いしている祈祷師はおやめになられたほうがよろしいと思います。

それから、何十万、何百万もの品物を売りつけたり、納得のいかない高額な祈祷料を要求する方も避けられたほうがよいでしょう。

また、異性にだらしのない祈祷師も避けましょう。

神仏に仕え、祈祷を行う者は高慢にならないようにし、欲を慎《つつし》み、戒律を守る必要があります。

私が自分自身と弟子たちに厳守することを求めている戒律があります。

一、無益な殺生をしない

二、盗みをしない

三、不倫をしない

四、慢心を起こさない（威張《いば》らない）

五、欲をかかない

以上の五戒です。これを破った場合には破門にする時もあります。また、私と弟子たちは、

「一救多生《いちぐたしょう》」を掲《かか》げて、目の前の一人を救うことが、多くの人を生かすことになると信じて、日々、祈祷を続けています。

このように、本来の祈祷、霊能を行う者は、正しい信仰、正しい倫理に基づいて、活動していかなければなりません。

まるで、暴力団のように、人を脅《おど》し人の弱みに付け込んで、大金を巻き上げる悪質な祈祷師も存在すると聞いています。水子供養、ガン封じを商売にしている者もいるようです。

皆さん、くれぐれも悪質な祈祷師、霊能力者に騙されないようにご注意下さい。

Q 神社に神様、お寺に仏様は本当にいるの？

A 強い怨霊の入っている方の中に、時折、鳥居《とりい》より中に入るのをためらわれる方がおいでです。また、強い怨霊の入っている方は、鳥居より中に入ると、急に気分が悪くなったり、逆に朝からの激しい頭痛が消えたりという変化が起こることがあります。いずれにせよ、憑依している怨霊が反応を示すことがあるのです。

では、どのような神社やお寺にも神仏はおいでになられるのでしょうか。

強欲《ごうよく》な神職や僧侶のいる神社やお寺に神仏がおいでになると、あなたはお思いになられますか。

愛人がいたり、平気で風俗店に出入りするような神職や僧侶のいる神社やお寺に神仏がおいでになると、あなたはお思いになられますか。

その神社やお寺に、真実、神仏がおいでになられるのであれば、不心得な神職や僧侶がその神社やお寺の宮司や和尚であり続けることを許さないのではないかと私は思います。

私は、我が子に私の職をぜひとも継がせたいとは思ってはおりません。世襲の必要はないと思っています。心あれば継ぐもよし、心ない者に無理に継がせても、それは本人にとっても不幸なこと、いや、その神社やお寺を信仰する者にとっては、さらに不幸なことと言わねばなりません。むしろ、心ある弟子にゆだねるべきであると思うのです。

Q よい僧侶の選び方を教えて下さい。

A 人は死ぬと社会習慣上、葬儀を行うことになります。そして、多くの人は仏教の僧侶に頼ることが一般的だと思います。

では、どんな僧侶を選べばよいか。また、どんな僧侶は避けるべきかを考えてみましょう。

あなたなら、どんな僧侶がよいと思いますか。

僧侶には階級がありますが、位の高い僧侶がよいでしょうか？　それとも、立派な衣装を身につけた僧侶がよいですか？　あるいはお経の上手な僧侶がよいでしょうか？

私は次の三点で判断しています。

一、欲が深い人かどうか。

二、威張っている人かどうか。

三、異性にだらしない人かどうか。

よい僧侶は、欲深くはありません。また、謙虚です。そして、愛人がいたり、風俗に行ったり、酒を呑んで女性のお尻を触《さわ》ったりはいたしません。逆に欲深く、高慢《こうまん》で、女性にだらしない僧侶のことを破戒僧と言います。煩悩《ぼんのう》に迷う破戒僧の供養などを受けても、死者の迷いを断つことはできません。そのような僧侶に供養を受けても無駄ですし、供養料をドブに捨てるようなものです。

あとがき

懺悔法《さんげほう》――このすばらしい御祈祷法を、宗教宗派を超えて、日本中、世界中に知らしめたい。この大願を成就させるためには、自らの内に私利私欲が微塵《みじん》でもあってはいけない。そう思っています。神様から、決して教団を作ってはいけないとも申し渡されております。私利私欲があれば、神仏が背中を押してくれません。

大切なことは、人々の苦しみを何とかしたいと純粋に思える心だと、いいかげんな自分に常に言い聞かせるようにしています。

人の心は羊と同じで、目を離すと、どこに行ってしまうか分かりません。

弘法大師様が『秘密曼荼羅十住心論《ひみつまんだらじゅうじゅうしんろん》』の中で因縁《いんねん》によって人間の不幸が起こることを説き、懺悔法による解決を示したのちに、さらに「十住心論」を説き、意識浄化を掲《かか》げたのは、過去の因縁の解決も大事だが、意識浄化によって、新たな因縁を作らぬことが大事なのだと、私達に教えているのです。

「十住心論」は人間の意識、言い換《か》えれば、霊格を十段階に分けて示しています。私達は常にさらなる上の霊格を目指して、魂の修行を続けていく必要があるのです。

また、私は懺悔法を、宗教家の権威の道具にさせたくありません。ですから私は、一般の方も、宗教家の方も分け隔てなく弟子になっていただいております。

懺悔法が、この世の中から、一粒《ひとつぶ》でも多く悲しみの涙を消し去ることができるよう祈念しています。

最後に、本書の出版の機会を与えて下さいましたビイング・ネット・プレスの野村敏晴社長、お骨折りをいただいた運命占術家の林巨征先生、熊川神社の神様・仏様、懺悔法伝法会の皆様、構成・編集を手伝ってくれた弟子の林大雅さん、亡き妻、そして傍で励まし支えてくれた我が妻と子供達に心より感謝して筆を置きます。

本書に寄せて

林　大雅

　このたび、北條宗親先生の著書が出版される運びとなり心からうれしく思っています。

　この本は、因縁浄化法である懺悔法《さんげほう》の秘伝秘法を、惜しげ余す所なく公開した決定版と言えるでしょう。

　さて、怨霊《おんりょう》という言葉を目にしてこの本を手にされている皆さんは、そんなことと思って一瞬身を引いてしまうのではないでしょうか。私もかつてその一人でした。しかし、何度か熊川《くまがわ》神社へ足を運ぶたびに懺悔法と呼ばれるその祈祷《きとう》の効果を目《ま》のあたりにし、また繰り返し自分の因縁を浄化するにつれ、確かに存在するのだという確信に至りました。

　では、この因縁浄化法とも言うべき懺悔法はどこに文献の起源を遡《さかのぼ》るかといいますと、空《くう》海《かい》・弘法大師《こうぼうだいし》様の最高の著と言われております、『秘密曼荼羅十住心論《ひみつまんだらじゅうじゅうしんろん》』の冒頭にはっきりと次のように書かれております。

「四大《しだい》のそむけるには、薬を服して除き、鬼業《きごう》のたたりには、呪悔《じゅかい》をもってよく消す。

薬力は業鬼《ごうき》をしりぞくこと、あたわず。呪功《じゅく》は通じて一切《いっさい》の病を治す。」

鬼業の鬼《き》こそが怨霊のことです。この怨霊は薬の力でもっても除くことはできないとあります。呪悔とは懺悔法のことです。

また、空海・弘法大師様の没後には、密教中興の祖と言われております覚鑁《かくばん》・興教大師《こうぎょうだいし》様が『密厳院発露懺悔文《みつごんいんほつろさんげのもん》』の中で、懺悔法の心を説かれております。

さらに、後醍醐《ごだいご》天皇の家臣であった山本家が岐阜県垂井《たるい》に落ち延び、明治に至って、山本秀道《しゅうどう》が古神道家《こしんとうか》・大石凝真素美《おおいしごりますみ》とともに「山本救護所」を開き、この懺悔法をもって精神病治療等の祈祷をしていたことはあまりにも有名であります。

しかし、歴史は皮肉にも神仏分離令や国家神道の流れの中で、この懺悔法は埋没してしまいました。

そこで今回、懺悔法の復活となり公開するわけですが、さらに本書の最大の特色は、過去、祈祷法に関して江戸・明治・大正・昭和を通じ幾多の書物がありますが、いずれも技法・技術を説いたものが中心で、祈祷における心の持ち方、有り様《あよう》を初めて説いたことにあります。

一子相伝とでも言うべき内容に大きく踏み込んでおり参考になると確信しています。

現在、わが国だけでも自殺者が年間三万人を超えるのが現状です。

また、日本のみならずアジアや、世界各地で毎日のように残忍で驚嘆《きょうたん》する殺人事件や事故が起こっています。

自分自身だけでなく、私たちの愛すべき伴侶や子孫が、このような悲惨な目に遭《あ》わないためにもぜひ、因縁浄化・運命好転の最高峰である懺悔法を知って実践してもらいたい一心です。

空海・弘法大師様の「虚空《こくう》尽《つ》き、衆生《しゅじょう》尽き、涅槃《ねはん》尽きなば、我が願いも尽きなん」という言葉にありますように、今回、北條先生による集大成とも言うべきこの懺悔法を公開する本書が出版されることによって、一人でも多くの方の目に触れ広まり、そして苦しみから救われることを望んでおります。

最後に本書を手にされた皆様に熊川神社の神様・仏様の御加護《ごかご》が得られますように、そして師であります北條宗親先生のご活躍を心よりお祈りします。

私もこれからいっそう、懺悔法伝法会の活動に微力ながら尽力する次第です。

平成二十一年一月吉日

家系因縁問診票

該当するものに○をつけて下さい。いくつでもけっこうです。

裏に問診の結果を掲載してあります。

①頭痛がある。	
②肩こりがある。	
③腰痛がある。	
④眠れない（眠りが浅い）。	
⑤イライラする。	
⑥マイナス思考がある。何もやる気が起こらない。	
⑦カッとしやすい。	
⑧ガンの家系である。	
⑨心にもないことを言って人をキズつけてしまうことがある。	
⑩職場や家庭で人間関係がうまくいかない。	
⑪父や祖父に戦争に行って戦った者がいる。	
⑫性格が暗い。	
⑬顔の左右が異常に不均衡だ。	
⑭体が理由もなく、ムズムズする時がある。	
⑮まぶたがピクピク動く時がある。	
⑯目つきが鋭い。	
⑰崖の上に立った時など、飛び下りたい衝動に駆られる。	
⑱父母・祖父母の中に短命の者がいる。	
⑲物忘れやウッカリミスが多い。	
⑳霊感がある。	
㉑金縛りにあったことがる。	
㉒恐ろしい夢を見てうなされることがある	

○が０の人　　　　　　　因縁のない人です。

○が１つから３つまでの人　因縁の軽い人です。

○が４つから10までの人　　因縁の重い人です。

○が11から16までの人　　因縁の非常に重い人です。

○が17から22までの人　　因縁の非常に重く命の危険があります。

懺悔
家　無量所犯罪諸霊供養
慚愧

懺悔
家　無量所犯罪諸霊供養
慚愧

◎本書の内容についての電話や手紙でのご質問はお受けできません。電話にてご予約のうえ、直接、熊川神社にお越しください。毎日のように神社にて懺悔法を修法しております。

◎著者はホームページを開設しています。左記までクリックしてご覧いただき参考になれば幸甚です。

http://www.kumagawajinjya.com/（二〇〇九年四月二九日まで）

http://www.jcnsystems.co.jp/hojo/（二〇〇九年四月三〇日より）

◎熊川神社・懺悔法伝法会本部

〒一九七-〇〇〇三 東京都福生市熊川六六〇

電話 〇四二-五三〇-一六六九（午前十～午後六時受付）

著者略歴
昭和三十六年東京生まれ。熊川神社宮司。懺悔法伝法会主宰。若年の頃より、占術・宗教・祈祷を学ぶ。著書に『神道祈祷学教本』『神道祈祷学教本中伝』『神道祈祷学教本奥伝』『祈祷と霊能』がある。

撮影／倉橋正

自分でできる開運・病気平癒
弘法大師の懺悔法

二〇〇九年四月一〇日 初版第一刷発行
二〇二三年八月一〇日 初版第三刷発行

著者 北條宗親
発行者 野村敏晴
発行所 株式会社 ビイング・ネット・プレス
〒二五二-〇三〇三 神奈川県相模原市南区相模大野
八-二-一二-二〇二
電話 〇四二（七〇二）九二一三
装幀 矢野徳子＋島津デザイン事務所
表紙撮影 倉橋正
印刷・製本 モリモト印刷株式会社
ISBN 978-4-904117-43-9 C0014